Markus Daumüller

Macht Schule dumm?

**Reformen ohne Tiefgang.
Jugend ohne Sprache.
Schule ohne Intellekt.**

Eine Streitschrift

Bibliografische Information der Deutschen Nationalbibliothek: Die Deutsche Nationalbibliothek verzeichnet diese Publikation in der Deutschen Nationalbibliografie; detaillierte bibliografische Daten sind im Internet über dnb.d-nb.de abrufbar.

TWENTYSIX – Der Self-Publishing-Verlag
Eine Kooperation zwischen der Verlagsgruppe Random House und BoD – Books on Demand

© 2016

Herstellung und Verlag:
BoD – Books on Demand, Norderstedt

ISBN: 978-3-7407-1303-4

Macht Schule dumm?

Vorwort

Gabriele Eckart nannte ihr Buch über das Leben im Havelländischen Obstanbaugebiet, in dem sie Protokolle aus der DDR sammelte: „So sehe ick die Sache".[2] Im Bildungsbereich existieren solche Bücher nicht. Alle halten den Mund und leiden schweigend unter dem Problem unserer Schulen: Deren Problem besteht nicht darin, dass in ihnen ein „veraltetes Lernen" stattfindet. Sondern dass sie um jeden Preis modern sein wollen. Sie begreifen ihre „altmodische Andersartigkeit", die einem beim Einatmen von gebohnerten Flurdielen begegnet, nicht als Chance, die Wirrnisse des Lebens aus einem geschützten Bereich heraus nüchtern analysieren zu können, sondern laufen mit gesellschaftlichen Fehlentwicklungen einfach mit. In dieser Streitschrift werden erziehungs- und bildungsphilosophische Aspekte mit einem breiten Spektrum an beruflichen Erfahrungen als Lehrer und in der Lehrerausbildung verbunden. Sie soll nicht irgendwelchen Leuten oder Meinungswellen gerecht werden, sondern unbeschriebene systemische Mechanismen in unseren Bildungsanstalten, die früher einmal „Schulen" hießen und nicht „Lernwerkstätten", einer bislang vom veröffentlichten Diskurs und den dort verbreiteten pädagogischen Schlagworten („längeres gemeinsames Lernen", „Individualisierung" usw.) getäuschten Öffentlichkeit zugänglich machen. Durch dieses Nachdenken über Bildungsmechanismen und Bildungswirklichkeit in unseren Schulen ist mit der vorliegenden Streitschrift eine kritische Theorie über Schulentwicklungen entstanden. Mit ihr wird offen gelegt, wie sich Entwicklungsprozesse im Bildungsbereich von ihren Akteuren lösen und verselbstständigen, bis die Ohnmacht, zu der am Ende alle verdammt sind, als Modernität inszeniert und als Erfolg verkauft wird.

1. Spaß statt Denken

In vielen Schulen geht es heute nicht mehr darum, über eine Frage nachzudenken, z.B. inwiefern das Sarrazin-Buch und die Debatte darüber Demokratie ausdrücken oder gefährden.[3] Sondern darum, dass das gemeinsame Paddeln auf dem heimischen Fluss im „Ruder-Projekt" Spaß macht. Und „Spaß" bedeutet das Gegenteil von Selbstdisziplin und Ausdauer, von der gedanklichen Beschäftigung mit einer Fragestellung oder einem Problem. Der Unterschied dieser beiden Lernkulturen liegt in der *exzentrischen Positionalität*. H. Plessner hat den Begriff in der philosophischen Anthropologie verwendet und W. Rotthaus greift darauf in seiner systemischen Erziehungswissenschaft zurück.[4] *Exzentrische Positionalität* heißt: Der bildende Kern von „Lernen" liegt in der Selbstbeobachtung des Lernenden. Wo Hartmut von Hentig die Aufgabe eines Pädagogen darin sieht, Lernende mit dem Problemhaften, dem Unklaren, dem der Erklärung Bedürftigen zu konfrontieren, weil die dadurch entstehende gedankliche Dissonanz Bewusstseins- und Kognitionsentwicklungen anstößt und die Einnahme *exzentrischer Positionalität* ermöglicht, hat die Sozialpädagogisierung von Schule heute Dimensionen erreicht, die diese auch als Freizeitclub durchgehen lassen würden. „Denken lernen", meinte bereits Nietzsche, sei nicht mehr gefragt: „… man hat auf unsern Schulen keinen Begriff mehr davon."[5] Der Humboldt'sche Bildungsbegriff ist tot. An seiner Stelle grassiert Befindlichkeitspädagogik, die von Lehrkräften, die sich nicht mehr als Bildungsexperten, sondern als Sozialpädagogen verstehen, als Bildung verkauft wird. Dass die Schule ein Reparaturbetrieb der Gesellschaft sein soll, ist auch das Ergebnis einer falschen Bildungspolitik: Verkehrs-, Friedens-, Medien-, Umwelterziehung, Gewalt- und Suchtprävention – es gibt fast nichts, was den Schulen nicht aufgetragen wird. Niemand aber hat die Lehrer gezwungen, diese Aufträge zu ihrem beruflichen Selbstverständnis zu machen und die Intellektualität von Lernen einer Freizeitmentalität zu opfern. Oft genug führt die gut gemeinte „menschliche Bildung" der Sozialpädagogen-Lehrer zu einer inhumanen Lernkultur. Denn das – sicher notwendige, aber für das Orientieren in unserer komplexen Welt nicht hinreichende – „soziale Lernen" führt nicht automatisch zu einer Verbesserung des Denkniveaus oder einer Generierung kluger Köpfe, die wir alle ziemlich dringend brauchen. Der Mensch ist ein sinnverwiesenes Lebewesen, das seinen Weltbezug neu konstruiert, wenn es zu neuen Erkenntnissen gekommen ist. Wer diesen Begriff von Humanität seiner Reflexion über das Lernen in unseren Schulen zu Grunde legt, muss zu dem Ergebnis kommen, dass die kognitive Unterforderung unserer Kinder im Unterricht eine zutiefst inhumane Angelegenheit darstellt, obwohl die so unterrichtenden Lehrkräfte Humanität auf ihre Fahnen schreiben.

In der öffentlichen Wahrnehmung gelten Schulen mit einer solchen Lernkultur als modern, flankiert durch Erkenntnisse der Hirnforschung. Diese besagen, dass Kinder mit „Freude" besser lernen[6] oder dass die Funktion der „Spiegelneuronen" darauf verweise, wie wichtig es sei, Empathiefähigkeit auszubilden.[7] Dass alle anderen Lernformen, in denen nicht die Freude, sondern anstrengende historische, politische, literarische Erkenntnisprozesse im Vordergrund stehen, gegen die Natur von Kindern (von Menschen) durchgesetzt werden müssten, schwingt bei der Inanspruchnahme psychologischer Forschungsergebnisse im Unterton immer mit. Diese Erkenntnisse bestätigen das beliebte Postulat von Lehrkräften, deren eigenen Prüfungsergebnisse eher unterdurchschnittlich ausfielen: Dass sie nämlich Kinder und keine Fächer unterrichten würden, und dass Noten nichts darüber aussagen, ob man ein „guter" Pädagoge sei. Die Logik dieses Arguments will hingegen nicht einleuchten: Wer sich für sein Fach nicht begeistert, kann auch Kinder nicht gut unterrichten. Ein „guter" Pädagoge „...denkt nicht in erster Linie an die Kinder, sondern mit den Kindern an die Sache."[8] Es geht ja – wie gesagt – nicht um die Vermittlung toten Wissens, sondern um die Auseinandersetzung mit einem fachlichen Problem. Und wer intellektuell nicht brennt, kann sich den Schülern auch nicht mitteilen. Wie soll eine Lehrkraft, die die Denksystematik ihres Fachs nicht verinnerlicht hat oder sogar als zu theoretisch ablehnt, Lernarrangements in den Unterricht einbringen, in denen eine sprachlich prüfbare Kognitionsentwicklung der Schüler stattfindet? Die Planung eines prozessorientierten Lernens im Fachunterricht ist nicht zu leisten, wenn die Lehrkraft vor allem pädagogischen Prämissen folgt. Eine Kontrastierung von Persönlichkeitsbildung (bzw. sozialer Kompetenz) und Fachbildung ist aber ebenfalls nicht nachvollziehbar: Persönlichkeit bildet sich in der gedanklichen Auseinandersetzung mit einem fachlichen Problem. Ohne Fachlichkeit bildet sich nur Performanz. Ohne Vertiefung eines fachlichen Problems bleibt das Verstehen sprachlos. Wo Schulen zu Bedürfnisanstalten der Gesellschaft mutieren und sich Lehrkräfte dann als Sozialpädagogen verstehen, gerät ihr Bildungsauftrag in Gefahr. Die Politik hat den Bildungsgedanken aufgegeben, weil sie Lehrkräfte fallen lässt, die Bildung gegen die Schule durchsetzen, denn das ruft das den Unmut der Anstrengungslosen hervor. Das Wichtigste im Unterricht an öffentlichen Schulen ist nicht der Bildungsauftrag, den ich so verstehe, dass Schüler ihre intellektuellen Grenzen ausweiten. Das wichtigste ist, dass Lehrkräfte keinen Ärger mit Eltern haben, die das alles bei jeder Gelegenheit für „zu schwierig" halten. Das wichtigste ist, dass „Ruhe" zwischen den Betroffenen der Schule herrscht, ganz egal, ob Ruhe Einverständnis oder Nichtkommunikation bedeutet. Lehrer, die ihre Schüler intellektuell fordern, sind aber unbequem und stören diese Ruhe. Sie sind keine Papageien, die einer Schlagwortpädagogik hinterherlaufen. Sie sind keine Menschen, die „Lernen lernen" oder „länger gemeinsam lernen" in den öffentlichen Raum katapultieren, sondern selbst über die Sinnhaftigkeit ihres Handelns nachdenken. Dazu gehört einerseits, offizielle Vorgaben kritisch zu betrachten und andererseits, an die Stelle der „Vermittlung" von Stoff oder Denkfiguren den Diskurs über offene Fragen, Dilemmata, Probleme zu setzen. Eigentlich sollten solche Lehrkräfte den Sozialpädagogen-Kollegen und den Eltern gefallen, weil jeder Diskurs direkt an der individuellen Wahrnehmung der Schüler ansetzt. Stattdessen steht die Angst vor Überforderung und die Vermeidung von Elternbeschwerden im Mittelpunkt. Die Angst vor Überforderung wird synonym mit Schülerorientierung übersetzt, die intellektuelle Herausforderung mit „Hineinpressen von Schülern in Fachlichkeit". Wir lernen: Schülerorientierung

(„Pädagogisierung von Lernen") ja, weil sie gut fürs Image ist, Subjektorientierung („Herausforderndes Denken") nein, weil sich dann die Eltern beschweren. So konditioniert eine Allianz aus Schulverwaltung, die „Ruhe" in den Schulen haben will, Eltern, die die Überforderung ihrer Kinder vermeiden möchten und Sozialpädagogen-Lehrern, die ihren beruflichen Erfolg an die „Schülerorientierung" ihres Unterrichts koppeln, die Sozialisation von Junglehrern. Diese lernen an allen Ecken und Enden des Systems, was einen „guten" Lehrer ausmacht: Er ist warmherzig, aber etwas beschränkt. Kinderliebe bedeutet, Schüler auf keinen Fall zu überfordern. Diesen bringt er bei, wie man „Lernen lernt", anstatt ihnen Erlebnisse zu ermöglichen beim gemeinsamen Nachdenken über ein Problem. Die deutsche Gesellschaft formt die Lehrpersonen, über die sie dann genüsslich in Feuilletons und Leserbriefen herzieht, wenn die „Kinderquäler" bereits vom Pausenhof gejagt wurden. Reflexion der eigenen Rolle in diesem Kreislauf: Fehlanzeige.

Was ist das theoretische Fundament eines solchen Schulsystems? Theodor Adornos *Idee vom dialektischen Denken* kann es nicht sein, denn Diskursivität bedeutet in diesem System Überforderung, weil keine lernbaren Ergebnisse entstehen, sondern nur mögliche Denkansätze.[9] Immanuel Kants Idee vom *Mut, selbst zu denken* ist es ebenfalls nicht, weil „Denken" mit „verkopftem Lernen" gleichgesetzt wird.[10] Dieses soll zugunsten des „Sozialen Lernens" und des „individualisierten Lernens" zurückgefahren werden, worin sich ein kruder Zivilisationsbegriff Bahn bricht. Reicht „Teamfähigkeit" als theoretische Grundlage eines Schulsystems aus? Welcher Wert wird dann Genialen, Kreativen und Menschen mit Ecken und Kanten zugebilligt, die man früher einmal „Persönlichkeiten" nannte?

Unbemerkt blieb bis heute, dass in den Schulen aus Bildung Schulbildung gemacht wurde[11], und dass Schulbildung immer mehr zu einem Teil der Berufsbildung verkommt. In Wirklichkeit geht es in den Schulen nicht mehr um Bildung. Sondern um Ausbildungsreife: In „Kompetenzanalysen", „Be-

rufsorientierung" und „Anwendungsorientierung",
die das fachliche Lernen immer mehr aus dem
Zeitbudget der Unterrichtsstunden verdrängen,
findet diese Entwicklung ihren Ausdruck. Schulen
sind zu Lehrwerkstätten der Betriebe mutiert, in
deren Arbeitswelt „Teamfähigkeit" noch immer als
Schlüsselbegriff der „soft skills" glänzt. Zitiert sei
hier lediglich der Ausspruch des deutschen Textil-
unternehmers Klaus Steilmann (1929-2009): „Dau-
erhafter Erfolg ist nur im Team möglich."[12] Die
Hochglanzbroschüren der industriellen Arbeitgeber tun dazu ihr Übriges. Es ist unbekannt, ob
Gottlieb Daimler, Bill Gates oder Steve Jobs Team-
player waren, als sie ihre Erfindungen machten.
Sicher ist allerdings, dass sie genial wurden, weil
sie ihre Neugierde gegen Konventionen durchsetz-
ten, und dass sie eine Ahnung von ihrer Materie
hatten. Keiner wird gezwungen, ein Lehrer zu werden, heißt es bei Eduard Spranger: Aber wer Kla-
vierlehrer werden will, sollte auf dem Klavier spielen können.[13]

Dass der Unterricht heutzutage in vielen Fällen nur
noch ein „creative meeting" ist, also die Extraver-

sion und das Sammeln von Meinungen und Befindlichkeiten, führt uns zu einem ganz entscheidenden Punkt: Eigentlich sollte es in der Schule darum
gehen, dass aus Menschen denkende Menschen
werden. Und keine Funktionäre. Im Funktionieren
sieht die Philosophin Hannah Arendt eine Perversion von Handeln, weil dieses von niemandem
mehr verantwortet wird. Ihren Beobachtungen
zufolge war Adolf Eichmann, der „Architekt des
Holocaust", ein neuer Typus von Täter. Es war keine Spur von Bösartigkeit an ihm, sondern völlige
Gleichgültigkeit gegenüber den Folgen seines
Tuns.[14] Die *exzentrische Positionalität* als Kern von
Bildung hat mit der gesellschaftlichen Verantwortung des Einzelnen mehr zu tun als die Teamfähigkeit. Exzentrische Positionalität bedingt eine
selbstreferentielle Ausrichtung von Lernen. Lernsubjekte werden darin zum Referenzobjekt ihres
Lernens. Die Teamfähigkeit hingegen dient der
Verbesserung der Außenwirkung des eigenen Verhaltens. Ermöglichen, dass der Mensch zum Menschen wird oder erzwingen, dass der Mensch einem Verhaltenskonzept der Wirtschaft dienen
lernt – das ist die Frage, die sich im Nachdenken

über Bildung an der Schule stellt. Dass „Teamfähigkeit" - ein Werbebegriff für angebliche Humanität in ökonomischen Prozessen - inzwischen zu
einem so populären Wert schulischer Bildung geworden ist und vor allem von sozialdemokratischen Lehrkräften im Kampf der Schulkonzepte
propagiert wird, befremdet umso mehr, je mehr
sie als „humaner" Wert verkauft wird, wo sie in
Wahrheit nur Fremdbestimmung und Zwang bedeutet. George Bernard Shaw sagte einmal: „Was
wir brauchen, sind ein paar verrückte Leute. Seht
Euch an, wohin uns die Normalen gebracht haben!"[15] Teamfähigkeit ist für Freigeister wie Ge-
fängnis. Wollen wir die „Macher" unserer Zukunft
wirklich in Gefängnissen der Bildung einsperren
und an die Tür „Chancengleichheit für alle" schreiben?

Immer weniger ist es die Bildung von Menschen,
um die Schulen sich kümmern. An ihre Stelle ist
früher die Schulbildung getreten. Heute sind es nur
noch der Zweck und die Frage nach Nützlichkeit.
Wozu brauchen wir „Potenzterme"? Zugegeben,
dieses Thema erscheint sinnlos, genauso wie alle

anderen Themen, die nach dem Dreisatz behandelt wurden. Sieht man aber genauer hin, kann man sagen: Um Muster in Zusammenhängen erkennen zu lernen. Um erkennen zu lernen, welche Vorgehensweisen in bestimmten Situationen angemessen oder unangemessen sind. Man sieht: Es geht gar nicht ums Rechnen, sondern um die Ausbildung von Orientierungs- und Urteilsfähigkeit in der Wahrnehmung. Es ist, als bewege man sich in einem Labyrinth, in dem man Wege wiedererkennt. Kein Mensch braucht Potenzterme in seinem Leben. Fähigkeiten der Wahrnehmung, die sich in der Beschäftigung mit ihnen entwickeln, sind aber hilfreich. Ebenso ist es mit der Interpretation von Zeitungskommentaren oder Zeitzeugenberichten. Wo geht es um Fakten, wo um Interessen? Wie kann man den Anschein von Logik und den Beginn von Lesermanipulation auseinanderhalten? Dieser Selbstbeobachtung der eigenen Wahrnehmungstätigkeit und des eigenen Erlebens wohnt inne, was wir „Mündigkeit" nennen. Die dieser fachlichen Auseinandersetzung immanente Herausbildung von Mündigkeit ist von dem Postulat der „Anwendungsorientierung" abgelöst worden, die inflationär mit dem Projektbegriff geschmückt wird: Ein Fest planen, die Gewinne eines Betriebs („Kuchenverkauf") sozialverträglich optimieren, Kostüme und Zelte basteln, um die Ressourcen schonende Lebensweise der Indianer kennen zu lernen. Abgesehen davon, dass John Dewey, der den Projektbegriff pädagogisch prägte, sich angesichts dieser unterhaltsamen Beschäftigungen im Grabe umdrehen würde, wird schnell klar, dass fachliche Denksysteme in diesem Lernen keine Rolle mehr spielen.[16] Stattdessen geht es um das Gelingen einer lebensnahen Aufgabenbearbeitung, die der Öffentlichkeit aggressiv mit drei Argumenten als „bessere" Pädagogik verkauft wird: Sie sei näher an der Lebenswirklichkeit der Menschen, sie sei humaner und schülerorientierter, weil sie vom lebendigen Handeln und nicht vom toten Inhalt ausgehe, und sie sei nachhaltiger, weil die Kinder dabei zusammenarbeiten, füreinander Verantwortung übernehmen und somit sozial lernen.

Weil diese Logik als klar erscheint, wird sie leicht für wahr gehalten. Aber Klarheit und Wahrheit sind keine Synonyme. Eine Wahrheit ist, dass die Kinder in diesen Lernformen zu Marionetten einer als tugendhaft etikettierten Gesellschaftsvision ihrer Lehrer werden. Die Emotionen, Wahrnehmungen und Erlebnisse, die sie dabei machen, sind alle gewollt. Ein solcher Lernraum ist moralisch perforiert. Statt einer disziplinierten gedanklichen Arbeit in der umgreifenden Substanz bleibt leere Pflichterfüllung: Ist die Präsentation des Wissens, mit dem ich mich beschäftigt habe, schon erledigt? Was passiert, wenn einer auf den Tisch haut und sagt: „Am meisten verkaufen wir, wenn wir eine Werbung haben, die die Kunden einlullt! Unsere Arbeitsplätze sind dann am sichersten, wenn wir eine Illusion über unser Produkt verkaufen, auch wenn dieses qualitativ schlecht ist!" Ist er dann ein böser Mensch, ein Egoist? Dem Basteln und Aufgabenbearbeiten der neuen Jakobiner wohnt das Bild des sozial verantwortlichen Menschen inne. Wie praktisch ist es, dass dieser Tugendterror hinter dem Spaß verblasst, den das Basteln (von Kostümen, von römischen Krapp-Bögen oder Limesanlagen) bringt. Im Spaß bleibt unbemerkt, dass das ergebnisoffene fachliche Reflektieren über die

Bedeutung eines historischen Geschehens der Wertverpflichtung einer bereits feststehenden Erkenntnis geopfert wird. Beispiel: Wer das Schloss von Versailles bastelt, bekommt beim Basteln einen Eindruck davon, wie unglaublich ungerecht der Absolutismus gewesen sein muss: Ein Mensch, soviel Reichtum. Viele Menschen, soviel Armut. Weil Macht und Ungerechtigkeit an der Verteilung von Geld und Reichtum festgemacht werden, findet ein Nachdenken über Vor- und Nachteile des Absolutismus gar nicht mehr statt. Dieser bleibt als ein bösartiges, weil ungerechtes System im Gedächtnis kleben. Es existiert kein Einerseits – Andererseits. Einerseits: Konnten einheitliche Regelungen die Willkür der Adligen gegenüber den Bauern verringern? Konnten die Manufakturen der Beginn einer modernen Wirtschaftsform sein? Andererseits: Kann sich ein einzelner Mensch in allen Bereichen des gesellschaftlichen Lebens auskennen und gute Entscheidungen treffen? Ist diese Form des Regierens, sobald man Fachleute wie Colbert benötigt, nicht eine Illusion von Macht? War der Absolutismus demnach Fortschritt oder Rückschritt gegenüber dem Mittelalter? Nach welchen

Kriterien beurteilen wir das? Und dann einerseits-andererseits: Woran macht sich „Macht" eigentlich fest? An Reichtum? An Befehlsstrukturen? An Zeremonien und öffentlichen Rollen? An Zukunftsentscheidungen? An Intelligenz?

Sowohl Diskurse über den Stellenwert des Absolutismus als auch Reflexionen der Phänomenologie von Macht sind im „Basteln" obsolet, weil die Erkenntnis, der das Basteln dient, vorher bereits formuliert wurde. Es geht also nicht mehr darum, dass sich Mündigkeit im Diskutieren über die Bedeutung eines historischen Geschehens entwickeln kann, sondern um die Frage, wie man jemandem Toleranz, Solidarität und Empathie beibringt. Die Tugend als lehrbares Objekt. Kann man jemandem Selbstständigkeit und soziale Verantwortung beibringen? Das Lernen wird dadurch zu einer Spielwiese, auf der wir Schülern ein wenig Auslauf gewähren. Soll das die moderne, die „humanere", die „schülerorientierte" Bildung sein? Es ist grotesk, wenn die Vertreter „offener Lernformen" behaupten, hier fände ein weniger künstliches, ein menschlicheres, ein lebensnahes Lernen statt, wo doch nur die geplante Aktivität an die Stelle des Denkens getreten ist. „An die Stelle des Hineinwachsens in ein substanzielles Ganzes", so Karl Jaspers, „tritt bloßes Lernen von Dingen, die nützlich sein können."[17] Aktionismus statt Erkenntnis – das kann nicht ernsthaft die Zukunft unserer Schulen sein. Bildung muss auch zweckfreies Nachdenken über die Bedeutung von Sachverhalten sein dürfen. Nicht ohne Grund hat Wolfgang Klafki, der Fachmann für Didaktik, die Hauptaufgabe einer Lehrperson darin gesehen, zuerst für sich selbst, dann mit ihren Schülerinnen und Schülern, *aus einem Bildungsinhalt einen Bildungsgehalt* herauszuarbeiten.[18] Diese Freiheit des Denkens ist für das Niveau schulischer Bildung wichtiger als Ruder-AGs oder Bastelaktivitäten. Sie lebt von Lehrpersonen, die intelligent sind, Freude am Durchdenken eines Sachverhalts haben, mit ihren Schülern in die Tiefe gehen wollen und deshalb verschiedene Sichtweisen zulassen. Solche Lehrpersonen - und jetzt benutze ich das zum „Schimpfwort" an Schulen mutierte Wort doch – leben *Intellektualität* vor und mit ihren Schülern. „Lernbegleiter", die gar nicht mehr präsent sind, entfachen keinen Denkhype in ihren Lerngruppen. Ohne eine Atmosphäre der Intellektualität sind sie nur noch Animateure eines aktionistischen Minimalismus. Dieser Einwand hat nichts damit zu tun, dass Schülern hier nichts zugetraut würde. Im Gegenteil: Wir alle möchten am Ende der Schule Mitbürger haben, die selbstständig über etwas nachdenken, und nicht solche, die Sachverhalte und Inhalte selbstständig adaptieren. Dazu wären Wikipedia, Google und Schulbücher da, aber nicht der Unterricht. An einem Beispiel soll dieser Unterschied deutlich werden: Im ersten Fall sollen die Schüler Informationen über Kriege und Terrorismus sammeln und dann ihre Meinung dazu aufschreiben. Herauskommen kann dabei nur, dass Kriege und Terrorismus schrecklich und unmenschlich sind. Ein moralischer Auftrag entsteht: „Wir müssen alles tun, um das zu vermeiden." Im zweiten Fall stehen Fragen im Mittelpunkt, auf die es keine eindeutigen Antworten gibt: Was ist „Terrorismus", was macht einen „Terroristen" aus? Wie werden aus ganz normalen, westlich lebenden Menschen wie den Jungs in Liverpool Terroristen? Kann man diesen Prozess beschreiben? Hier greifen Standarderklärungen wie „Armut" oder „Hass auf den Westen" nicht mehr. Wo man keine Standarderklärungen hat, sind auch politische Konzepte gegen Terrorismus nicht so einfach. Es geht um Fragen wie diese: Wie lässt sich Terrorismus bekämpfen, ohne die Freiheit aufzugeben? Lassen sich irrationale Motivationen mit rationalen Reaktionen verringern? Darf man mit Terroristen verhandeln? Ist Terrorismus überhaupt besiegbar? Gibt es „gerechte" Kriege, z.B. solche, in denen Menschenrechte verteidigt werden? Was sind „Rechte" wert, die herbei gebombt werden? Kann Freiheit, die mit Gewalt erreicht wurde, nachhaltig sein? Man findet darauf keine Antworten in den Schulbüchern. Man findet dort noch nicht einmal solche Fragen. Die neuen Lern- und Unterrichtsformen, in denen sich „individualisiertes Lernen" darauf reduziert, dass sich Schüler mit unterschiedlicher Geschwindigkeit selbstständig „Stoff" aneignen, werden *das Gespräch* verdrängen, in dem solche Fragen überhaupt erst aufkommen. Das Gespräch wird von den Befürwortern der neuen Lernformen als lehrerzentrierte Unterrichtsform diffamiert, die undemokratisch und einseitig sei. Als Denkraum, in dem Erfahrungs- und Reflexionshorizonte aufeinandertreffen und verhandelt werden, wird es nicht gesehen. Der Philosoph Karl Jaspers versteht das Gespräch als einen sozialen Lernraum, der den Diskursteilnehmern Grenzerfahrungen ermöglicht. Das sei umso mehr der Fall, je mehr der Lehrer darin Intellektualität lebt, z.B. indem er gute Fragen stellt, die des Nachdenkens wert sind. „Der Dialog ist die Wirklichkeit des Denkens selber", so Jaspers.[19] Wie Jugendliche ihre Sprach- und Ausdrucksfähigkeit, sinnentnehmendes Lesen oder überhaupt Textverständnis verbessern und entwickeln können, wenn der Unterricht weitgehend „sprachlos" bleibt, ist ein Rätsel. Offensichtlich werden in unserem Schulsystem pädagogische Pflöcke in die Lernstruktur geklopft, ohne danach zu fragen, ob sie zu den Lern- und Denkweisen von Fächern passen. Bei kommunikationsintensiven Fächern lässt sich das Ergebnis dieser Entwicklung auf eine Formel bringen: Jugend ohne Sprache. Schule ohne Intellekt.

Die „offenen" und „individualisierten" Lernformen werden dazu führen, dass das Niveau an unseren

Schulen beträchtlich sinkt, wenn sie nicht gründlich geplant werden. Zum einen, weil intellektuelle Lehrpersonen den Unterricht dann nicht mehr zu einem Denkraum werden lassen können, sondern es um die individuelle Aneignung von Sachverhalten geht. Diese werden nicht mehr zu Reflexionsbegriffen, sondern bleiben Aneignungsobjekte. Zum anderen, weil die „Sprachlosigkeit" solcher Lernformen den Schülern keine Grenzerfahrungen mehr ermöglicht, durch die diese auf Lücken ihres eigenen Denkens, auf mögliche andere Ebenen und Positionen der Betrachtung und auf unterschiedliche Bedeutungen des Sachverhalts verwiesen werden. Es ist unklar, inwiefern es überhaupt noch möglich sein wird zu diskutieren, ob z.B. die Weimarer Republik der Durchbruch der Moderne oder der Vorhof des Faschismus war? Drittens gibt es bis heute keine triftigen wissenschaftlichen Untersuchungen, die einen Zusammenhang von offenen Lernformen und Lernerfolg nachweisen. Das wäre ja absurd: Man müsste, um so etwas messen zu können, die Individualisierung von Lernen operationalisieren. Dann aber wäre der Lernerfolg nicht mehr relativ am Lernsubjekt, sondern objektiviert an Standards orientiert. In dieser Problematik offenbart sich das Paradoxon der „Sozialpädagogisierung" von Lernen. Es besteht nicht nur im unbewiesenen Postulat eines „besseren" und „menschlicheren" Lernens, das, weil unbewiesen, Ideologie, Vision oder Utopie bleiben muss, sondern vor allem darin, dass es die Problematik und Vielschichtigkeit der Lebenswirklichkeit aus seinem Lernbegriff isoliert. Es ist mindestens ebenso artifiziell, wie es ihre Vertreter dem fachlichen Lernen in der Schule unterstellen. Jedenfalls ist es weniger schülerorientiert als dieses, weil es nicht am eigenständigen Denken des Schülers, sondern an glorifizierten Gesellschaftswerten („Teamarbeit") ausgerichtet wird, die das Lernen als ein Maß für „richtige" Erkenntnis dominieren. Wodurch diese Werte ihre Berechtigung erhalten, bleibt intransparent. Weder haben sie eine wissenschaftliche Referenz, noch sind sie Erkenntnisse, die Erfahrungen entspringen. Sie sind Ausfluss politischer oder irrationaler Motivationen von „Tugendwächtern", die psychischen Terror auf alle ausüben, die andere Meinungen vertreten. Sie werden von den „Tugendwächtern" als „altmodisch" und rückständig" beschimpft, selbst dann, wenn sie das Vermitteln von Stoff längst durch problemorientierte Lernarrangements ersetzt haben. Relevant ist nur noch die äußere Form: Ist der Lehrer zu stark ins Lernen eingebunden, gilt das als rückständig. Warum eigentlich? Er könnte doch auch *Erster unter Gleichen* sein!

Auch auf die Gefahr hin, dass es populistisch klingt, muss auf eine Formel gebracht werden, was in unseren Schulen falsch läuft: Yoga wird mit Bildung verwechselt, Ganzkörperlichkeit mit Menschenbildung. Schulen sind zu Anstalten der fröhlichen Erholung mutiert, in denen anstrengungslose Selbsttätigkeit mit Qualität von Lernen gleichgesetzt wird – und das alles ganz ohne nachvollziehbare Begründung. Diese neue Lernkultur ist eine Gefahr für die Mündigkeit der Schüler, die an der Beliebigkeit von Lernen zerschellt. Denn es gilt keine Denkdisziplin als verbindendes Element einer Lerngruppe mehr. „Die harte, gegen Neigungen, unmittelbare Daseinslust, Zerstreutheit erzwungene geistige Arbeitsdisziplin ist unumgänglich. Sie ist ein Faktor gegen die Willkür als falsche

Freiheit", so Karl Jaspers.[20] Sie ist das verbindende Element schulischen Lernens. Das ist der eigentliche Begriff von „sozialem Lernen". Alles andere ist „sozialpädagogisches Lernen". In seiner Neuerscheinung „Das Unbehagen der Gesellschaft" ist Alain Ehrenberg der Frage nachgegangen, warum in westlichen Gesellschaften immer mehr Menschen unter Depressionen und Persönlichkeitsstörungen leiden. Zwei großangelegte Fallstudien in Frankreich und den USA ergaben Ursachen wie z.B. eine starke Individualisierung.[21] Weshalb sollte Individualisierung das Zauberwort einer „besseren" Pädagogik sein, wo es doch in der Gesellschaft Ursache von Fehlentwicklungen ist?

In der auf diese Weise theorie- und fundamentlos gewordenen Schule zählt nur noch Performanz. Es geht nicht mehr darum, was jemand kann, sondern wie er das präsentiert, was er gerade noch zusammenkratzen konnte. „Reflexion" und „Denken" sind nachgeordnete Qualitätskriterien schulischer Bildung geworden. An ihre Stelle treten Methoden, die für eine eloquente Darbietung der substanziellen Dürftigkeit sorgen, weshalb das Ganze wie Können wirkt. Bildung wird zu einer Bildungsfratze. „Lernwerkstätten" und „offener Unterricht" befördern, gemeinsam mit Präsentationen, diese Fratzenhaftigkeit von Bildung. Qualitätskriterium ist darin die Performanz der Darstellung, nicht mehr die Substanz des Denkens, unabhängig davon, ob es um Unterrichtsformen oder um Prüfungen geht.

Eine ganze Industrie lebt von der immerwährenden Schulschelte, in der ein antiquiertes Bild schulischen Lernens gezeichnet wird, das die Schelte als berechtigt erscheinen lässt. So schaffen sich die Volks-Sofisten ihre eigene Daseinsberechtigung. Zum Beispiel Richard David Precht. Seine neue Fernsehsendung begann der Philosoph mit dem Satz „In unseren Schulen werden Kinder von den falschen Leuten nach den falschen Methoden in den falschen Inhalten unterrichtet".[22] Das klingt dramatisch. Man fragt sich, wie solche Schulen in den letzten 60 Jahren Menschen hervorbringen konnten, die erfolgreiche Maschinenbauingenieure, Betriebswirtschaftler, Biologen, Mechatroniker und Bürokaufleute wurden. „Wissen von gestern" würde dort vermittelt, so Precht. Ist Wissen nicht immer von gestern? Wissen entsteht, wo sich Gewissheit einstellt über einen Sachverhalt - durch Erfahrung, Tradition oder empirische und theoretische Wissenschaft. Es entsteht im Nachdenken und Erforschen eines bereits zurückliegenden Geschehens. Wissen von morgen wäre Hellseherei. Wer will schon Schulen, die Glaskugeln gleichen? Es ist schick, Schulen als vermeintlich altmodisch zu entlarven. Das steht in gutem Einklang zu der bereits beschriebenen Klage, dass das schulische Lernen nicht am Leben orientiert und deshalb „weltfremd" sei. Diese Kritik entspringt aber einem wirren Bildungsbegriff. Denn Bildung stellt sich in der zweckfreien reflexiven Beschäftigung mit einem fachlichen Problemkontext ein, wodurch die Persönlichkeit reift, weil sie ihren Weltzugang unaufhörlich neu konstruiert. Das Leben hingegen ist situationsbezüglich und folglich nicht trainierbar. Handeln im Leben besteht aus Erleben und Verhalten, nicht aus Erkenntnis und Haltung. Was Precht fordert – dass die Schule die Schüler für die Wirrnisse des modernen Lebens ausrüstet – kann die Schule nicht leisten. Dann wäre sie ein Mosaikstein des Zeitgeistes und würde beliebig. Aber das ist ein kulturtheoretisches Problem, ob eine Werttheorie (wie im Neukantianismus) der Ideen oder eine Strukturbeschreibung gesellschaftlicher Entwicklungen für die Aufgabendefinition von Schule maßgeblich sein soll. Wenn die Aufgabe von Schule aus einer Struktur der Gesellschaft heraus entwickelt und von daher die Lern- und Lebensziele der Schüler abgeleitet werden, entsteht die Gefahr, dass das Verhältnis von Individuum, Gesellschaft und Kultur nicht mehr als elementare Aufgabe der humanwissenschaftlichen Theorie, sondern nur noch als Methodisierungsproblem sozialwissenschaftlicher Forschung angesehen wird. Das entfernt die Bildung vom Huboldtschen Bildungsideal. Es besagt, dass der einzelne Mensch möglichst viel subjektive Originalität entwickeln und zeigen kann (Humboldt 1792, 211) und die Aufgabe des Staates darin besteht, die Freiheit der Subjekte zu sichern (Humboldt 1792, 56ff.). Lernen sei die Aufhebung der Entfremdung, die das Subjekt bei seiner Tätigkeit in der Welt mit dieser erlebt (v. Humboldt o.J. 237). Was Precht fordert, hebt die Entfremdung der Lernenden nicht auf, sondern zementiert sie, weil er die gesellschaftliche Realität nicht mehr infrage stellt, sondern zur Leitkategorie für das Lernziel macht. Darüber hinaus irrt sich Precht noch in einem anderen Punkt: Das Problem der Schulen ist nicht ihre Rückständigkeit, sondern ihr unerbittlicher Drang, „modern" sein zu wollen, um überhaupt noch einige der zusammengestrichenen Personal- und Materialressourcen abzugreifen. Zuerst werden Projektlernen und „offener Unterricht" zu Schlüsselbegriffen einer „modernen" Pädagogik. In den unterschiedlichsten Instanzen des Bildungssystems werden sie sodann zu Synonymen für pädagogische Professionalität. Wo Lehrpersonen „Lerncoachs" sind und nicht mehr Denkmoderator, sind günstigere Lehrer-Schüler-Relationen Ziel-Prioritäten der Schulentwicklung. Da fließt das Geld dann hin. Precht hat Unrecht, wenn er die Rückständigkeit von Schule geißelt. Er sollte den Mechanismus geißeln, der ihnen dann mehr Geld und mehr Anerkennung einbringt, wenn sie eine besonders große Luftblase aufgebaut haben, die inflationär mit einer unüberschaubaren Menge an ideologiegeladenen Schlagwörtern einer vermeintlich postmodernen Pädagogik gefüllt werden.

Der zweite Irrtum von Precht offenbart sich in seinem Pamphlet gegen die Künstlichkeit schulischen Lernens. Eine solche Kritik ist aber dumm. Was sollte schulisches Lernen bitteschön sein, wenn nicht „künstlich"? In der Schule sollen Schülerinnen und Schüler schließlich nicht Zeitung lesen lernen, sondern darüber nachdenken, nach welchen Prinzipien die Zeitung gemacht ist. Es geht nicht darum, „Empörung" über die Talkshows des Mittagsfernsehens zu zeigen, sondern die Zwecke herauszuarbeiten, denen diese Talkshows dienen. Die Schülerinnen und Schüler reparieren nicht Fernseher, sondern denken darüber nach, welche Bedeutung das Fernsehen in einer Demokratie hat und wie es diese verändert. Erkenntnisprozesse stellen sich dadurch ein, dass eine Abstrahierung des Wahrnehmbaren erfolgt. „Die politische Erziehung", so der Philosoph Karl Jaspers, „verlangt das Studium von Büchern."[23] Alles andere ist Erlebnis oder Training. Schule ist aber nicht Lebenstraining, sondern Nachdenken über die Mechanismen, nach denen gesellschaftliches Leben funktioniert. Wäre sie Lebenstraining, müsste man dort neben der Korrespondenz mit Versicherungen und der Koordination von Kinderbetreuung und Karriere auch das Ausfüllen von Hartz IV-Verträgen lernen. Wird der Schüler dann aber Mechatroniker bei Audi, braucht er auch das alles nicht. Wer bestimmt, welche Lerninhalte lebens- und deshalb „zukunftsrelevant" sind? Sicherlich sollte sich die Unterschiedlichkeit von Lebensformen im schulischen Lernen widerspiegeln. Aber deswegen muss man nicht die Probleme der Gesellschaft zur Lösung der Pädagogik umlügen. Dass die deutschen Schulen schlecht seien, ist eine beliebte Apologie von Fernsehphilosophen und Hirnforschern: Sie erschaffen sich damit den Untersuchungsgegenstand, den sie zu beschreiben vorgeben, und sie gerieren sich als Problemlöser, was die „dummen" Lehrer alle nicht hinkriegen. Derweil sitzt der Durchschnittsdeutsche vor dem Fernseher und grinst. „Die Schule ist scheiße. Hab ich's doch gewusst. Aber wenn's der Precht sagt – da muss ja was dran sein." Precht befreit den Durchschnittsdeutschen von dessen Schultrauma. Ansonsten ist die Art, wie er den Ruf der deutschen Schule schädigt, wenig hilfreich. Sie nützt nur seinen Quoten. So wie Schule inzwischen skandalisiert wird, weil sie diesen oder jenen Zwecken und Anforderungen nicht genügen würde, kann jede einzelne an den Pranger gestellt werden, ganz gleich, wie durchdacht ihr Lehrkonzept ist. Fehlende Lebensnähe ist eine ziemlich dumme Kritik am Schulunterricht, weil sie suggeriert, dass man in der Schule für das Leben lernen würde. Das ist falsch. In der Schule sollen sich Jugendliche mit abstrakteren Fragestellungen beschäftigen. Zum Beispiel mit der Frage, welche gesellschaftlichen Werte es wert sind, im Technologiezeitalter verteidigt zu werden. Durch diese Auseinandersetzung reift die Persönlichkeit, wodurch sie fähig wird, das Leben zu gestalten, anstatt in Lebenssituationen nur nach einem Rezept zu reagieren.

In der Schule soll man nicht für das Leben lernen, sondern über das Leben nachdenken. Mit der propagierten Lebensorientierung von Lernen wird nur vorgegeben, dass Schülerbedürfnisse, Inhalte und Lebenskompetenz zusammenfinden würden. In Wahrheit ist das aber keine freiheitliche Bildung, sondern nur noch eine Vorprägung erwünschter Handlungsstrukturen. Kinder werden nicht ernst genommen, sondern zu Statisten des Traums ihrer Lehrer von einer „richtigen" Pädagogik. Etikettiert wird sie mit der Fürsorge um die Schüler, denen ein selbstbestimmtes Leben ermöglicht werden soll. Im Kern geht es aber nicht um die Schüler, sondern um die Macht unter Lehrern im schulischen System, die immer dann medial relevant wird, wenn die Fürsorge sich direkt in einer Absenkung des intellektuellen Niveaus realisiert. Wie „trendy" es ist, die angebliche Lebensferne von Schule anzuprangern, zeigte sich jüngst in einem „Plädoyer" des Stern-Reporters Uli Hauser. Die Schule, so Hauser, schaffe es ohne Probleme, einem die Lust am Lernen auszutreiben: Staunen, Freude am Entdecken, Zuversicht, den nächsten Schritt wagen. Sie ersticke die angeborene menschliche Lern-Lust. Es würde nur noch nach Plan gepaukt. Hauser lobt Schulen, die Fächer wie „Verantwortung" oder „Herausforderung" einführen.[24] Abgesehen davon, dass niemand etwas dagegen haben kann, wenn sich Schüler mit ethischen Problemen oder Dilemmata beschäftigen, liegt hier ein Missverständnis vor. Die Schule des Lebens ist nicht die Schule. Sondern das Leben. In der Schule geht es um Kulturtechniken. Es führt ja nicht weiter, subjektive Vorstellungen von Gerechtigkeit im Fach „Verantwortung" auszutauschen, ohne sich darüber hinaus auch mit philosophischen, ethischen, literarischen Texten über dieses Thema auseinanderzusetzen. Und das heißt, dass Denken einer Systematik unterliegt. Wo die Texte nicht mehr verstanden werden, weil die Fähigkeit zu konzentriertem, sinnverwiesenem Lesen fehlt, werden nur noch Lebenserfahrungen ausgetauscht. Sichtweisen, Ideen, Konstrukte, die Personen der Kulturgeschichte entwickelten, werden dann nicht mehr für eine Neubetrachtung des Lebens, der Gesellschaft, der Kultur genutzt. Werden solche Texte in „Verantwortung" dennoch bearbeitet und über mögliche Interpretationen gestritten - was unterscheidet diesen Unterricht dann von Geschichts-, Deutsch-, Ethik-, Politik- oder Religionsunterricht? Man merkt an dieser Stelle, wie leicht die gewünschte Lernrevolution traditionelle Formen braucht, um wirksam zu sein und dass es eben, wie Rousseau meinte, keine „richtige" Pädagogik in einer falschen Welt gibt. Wenn das nicht eingesehen wird, ist unvermeidbar, dass das Leben Voraussetzung und Ziel von Lernen ist. Lernen wäre eine Kreisbewegung.

Wie kommt man aus dieser „Box" wieder raus? „Lust" und „Spaß" sind dafür keine guten Rezepte. Überhaupt ist nicht nachvollziehbar, weshalb man das Lernen in der Schule ständig der menschlichen Natur angleichen sollte. Menschen haben ja nicht nur Lust auf Lernen, sondern sind auch zerfahren, faul oder bequem. Eine Schule, die die Menschennatur als eigenständigen Idealwert formuliert und ihre Lernformen daran ausrichtet, wird gesellschaftlich bedeutungslos. In der Weimarer Republik war die sozialdemokratisch ausgerichtete „Pädagogik der Kinderfreunde", die ein Lernen „vom Kinde aus" forderte, revolutionär. Die Reformpädagogik war in ihren Anfängen eine politische (!) Bewegung, die sich dem „kindgerechten" Lernen der Pädagogik zweckgebunden bediente.[25] Vielleicht ist das eine Erklärung für seinen Missbrauch im Dritten Reich. Niemand wird behaupten können, dass in den heutigen Schulen Drill und Unterdrückung vorherrschen, aus denen man die Schüler befreien müsste. Das dortige Problem besteht nicht darin, dass Lernen gegen die menschliche Natur durchgesetzt würde. Das Problem ist vielmehr, dass inzwischen in einem solchen Ausmaß soziales, interkulturelles, individualisiertes, differenziertes Lernen betrieben wird, dass kognitives Lernen kaum noch stattfindet. Wo schulische Lernräume so gestaltet werden, dass „entdeckt" werden kann, müssten sie auch in den Wertansichten ergebnisoffen sein, was ihre kulturelle Bedeutung beliebig werden lässt. Denn dann wären radikale Ansichten Ausdruck der Menschlichkeit von Lernen, und das ist absurd. Dieser Streit dreht sich also im Kreis. Ständig wiederholt sich die bereits gestellte Frage, ob die Schule hauptsächlich der Kultureinbindung junger Menschen oder ihrer Persönlichkeitsentwicklung dienen soll. Beide Richtungen werden gegeneinander ausgespielt; sie werden von öffentlichen Personen wie Precht oder Hauser als Gegensätze inszeniert. Hauser kann keine große Ahnung von schulischen Entwicklungsprozessen haben. In den Bildungsplänen geht es bereits seit vielen Jahren nicht mehr vorrangig um Inhalte, die Kindern vermittelt werden, sondern um Kompetenzen, die diese im Umgang mit fachlichen und fächerübergreifenden Fragestellungen entwickeln können. Der Wechsel von einer Input- zu einer Outcome-Orientierung ist allein deshalb bemerkenswert, weil hier innerhalb schulischen Lernens die Lernsubjekte statt der Inhalte im Mittelpunkt stehen, ohne die Orientierung an unseren kulturellen, demokratischen Wertvorstellungen aufzugeben.

Eine Schule, die wie das Leben funktioniert, hat hingegen noch lange keinen ethischen Freibrief. Irgendwie müssen Unterricht und Lernen ja organisiert werden. Wenn der Sinn des „freien" Lernens aber in einer gesellschaftspolitischen Vision seiner Veranstalter besteht, ist das ethisch fragwürdig, weil die Erfahrungen, die die Lernenden in den „Lernräumen" machen, bereits gewollte Erfahrungen sind. Schule wird unmenschlicher, nicht menschlicher, wenn sie nur noch Inszenierung von Lebenswelt ist: Ihr Zweck läge in der Formung eines besonderen Menschen, der gedacht wird, anstatt selbst zu denken, und der der Selbsttäuschung erliegt, dass seine Lust am Lernen Freiheit sei. Das ist mit der Tradition der Aufklärung, in der unsere Schulen stecken, nicht vereinbar. In dieser Tradition ist die Verpflichtung zum eigenen Denken eine Voraussetzung, um zu Erkenntnissen zu gelangen. Die Selbstbestimmung ist selbstbezüglich, anstatt nur das Button einer Gesellschaftsvision zu sein, zu der die „moderne" Pädagogik strebt. Das Paradoxon dieser ewigen Diskussion liegt darin, dass die „Menschenfreunde" die Berechtigung ihres Konzepts aus Vorwürfen an vermeintlich „traditionelles Lernen" generieren, das eine implizite Bedingung ihres Konzepts ist. Wie das in der Praxis endet, lehrt uns die pädagogische Idee von „Freiarbeit", die seit einigen Jahrzehnten Euphorie unter Lehrkräften entfacht hat, weil sie die Selbstbestimmung von Schülern über ihr Lernen als einen menschlichen Wert formuliert: Freiarbeit wurde vielerorts zu Pause ohne Unterricht. Den ganzen Tag Pause. Das ist der Gipfel der Menschlichkeit.

2. Systemzwerge statt Persönlichkeiten

Eine Anekdote: Auf einer Fortbildung für Lehrer, die an „Führungsaufgaben" interessiert sind, ging es kürzlich um „Projekt- und Prozessmanagement". Dort wurden Modelle und Elemente von Projektorganisation vorgestellt (u.a. „Stakeholder-Analyse"). Die sehr karriereorientierten Berufsschullehrkräfte hatten sich bereits in Details solcher Modelle verbissen, als jemand die Frage stellte, weshalb hier eigentlich Modelle der Wirtschaft eins zu eins auf Schule übertragen werden sollen. Denn in der Schule hängt die Qualität zu 80% bis 90% von den Lehrpersonen ab. Deren Können wird nicht besser, wenn die Organisationsschritte von Projekten eingehalten werden, sondern hier geht es um Einstellungen und Haltungen zu Bildung und Unterricht. Eigentlich hätte ja gefragt werden müssen, ob man in unserer „Firma" auch was werden kann, wenn man selber denkt. Doch bereits die Frage nach der Spezifik des Qualitätsbegriffs in Bildungseinrichtungen hat nachhaltig Verwirrung gestiftet.

Die Schule gerät durch solche Ambitionen in ein Dilemma: Sie soll einerseits das Leben spiegeln und sich sozialpädagogisch entwickeln. Andererseits soll sie strukturell – im Zeit-, Personal- und Produktmanagement - wie ein Wirtschaftsunternehmen funktionieren. Dieser Spagat kann nur misslingen. Effizienz, Effektivität und Rationalisierung sind keine sinnvollen Maßstäbe für Bildungsprozesse. Schulen verkaufen keine Bildungsprodukte und binden die Käufer dann mit einem leuchtreklameroten „thank you for shopping" bauchpinselnd an sich. In Schulen geht es darum, dass Schüler „sich bilden", also um intellektuelle Anstrengung, Selbstbezüglichkeit, die sich in Erkenntnissen über gesellschaftliche, politische und wirtschaftliche Zusammenhänge zeigt – auch über den Zusammenhang von Marketingstrategien und Kaufverhalten. Die Schule kann sich nicht an Verhaltensmaßstäben ausrichten, die in ihr gedanklich durchleuchtet werden sollen. In ihr werden Strategien der Wirtschaft beobachtet und analysiert, nicht reproduziert. Alles andere würde ihre aufklärerische Funktion ad absurdum führen. Was bedeutet dieses Dilemma für die Ausbildung junger Lehrkräfte und für ihre ersten Arbeitsjahre?

In den Referendariats-Seminaren wird viel Zeit darauf verwendet, den jungen Lehrkräften Handwerkerideologien zu implantieren. Ob Unterricht „gut" ist, hängt dort davon ab, ob Lernzirkel, „think pare share" (früher hieß das arbeitsteilige Partnerarbeit), Fishbowl- bzw. Präsentationsrunden stattfinden. Eigentlich bräuchten wir in Schulen selbstständig denkende, intelligente junge Leute, die sich z.B. damit auseinandersetzen, wie ihre Schüler Geschichtsbewusstsein entwickeln können. Stattdessen wird ihr Denken durch diese rein technischen Dinge der Unterrichtsform innerlich kolonisiert. Es geht dabei nicht mehr darum, wie sich fachliche Lernprozesse in einer Methodik oder Sozialform wiederspiegeln, z.B., inwiefern Gruppen unterschiedliche Sichtweisen auf eine Problemstellung einnehmen. Wichtig ist, dass die Gruppeneinteilung über folierte bunte Kärtchen erfolgt und dass die Kinder in ihr „soziale Kompetenz" erwerben. Die „interessante" Unterrichtsgestaltung scheint ein Qualitätskriterium geworden zu sein, das sogar im Bewusstsein von Schülern, ganz unabhängig von den Erkenntnisfortschritten, die dort stattfinden oder eben nicht, existiert. Als wir anlässlich eines Forschungsprojekts vor einigen Monaten Realschüler am Ende ihrer Schulzeit danach fragten, was ihnen das Geschichtslernen gebracht habe und wie sie sich einen „guten" Geschichtsunterricht wünschen, wiederholten sie permanent die Floskel „methodisch interessant gestaltet". Auf die Idee, dass es die Geschichte gar nicht gibt, sondern nur Versionen von Geschichte, weil Geschichte nämlich eine Konstruktion über die Bedeutung von Vergangenheit ist, kam niemand. Aus fachdidaktischer Sicht ist das problematisch: Es ging den Lehrkräften offenbar um eine interessante, schülergerechte Vermittlung von Zusammenhängen zwischen historischen Ereignissen, aber nicht um das Bewusstsein, dass die Vergangenheit in jeder Gegenwart neu und vielleicht anders bewertet werden muss. Es ging ihnen um historische Kenntnisse und die Vermittlung *einer* möglichen Bedeutung, aber nicht um die Fähigkeit ihrer Schüler zu einem reflektierten Umgang mit Geschichte. Es ist zu befürchten, dass das zunehmen wird. Immer mehr ist bei den jungen Praktikanten und Referendaren zu beobachten, dass sie keine intellektuelle Neugier mehr mitbringen. Viele von ihnen sind nicht in der Lage, aus einem Bildungsinhalt einen Bildungsgehalt herauszuschälen und diesen als Problemdiskurs zu inszenieren. Vielleicht reicht das, um Schülern zu vermitteln, dass die amerikanische Besatzung nach dem Zweiten Weltkrieg Umerziehungskurse durchführte. Es reicht aber nicht, um die Frage zu reflektieren, ob und wie Entnazifizierung angesichts der ideologischen Durchdringung des Lebens und der Menschen gelingen kann. Schließlich kann man Gesinnung schlecht verbieten. Die Menschen auf Kulturveranstaltungen Erlebnisse machen zu lassen, die sie zu „demokratischeren" Menschen machen – wie es die Franzosen praktizierten - ist hingegen ethisch fragwürdig, weil hier die Inszenierung der Lebenswelt, wie sie die Nazis praktizierten, nur einem anderen Zweck verpflichtet wird. Wenn die Methode bleibt, der Zweck sich aber ändert - ist das dann auch noch Manipulation? Die jungen Lehrpersonen denken nicht mehr mit ihren Schülern über solche Fragen nach. Sie sind sich gar nicht darüber bewusst, dass die *paideia*, der Weg der Bildung, über die *periagoge*, die *gedankliche Umkehr* im Bildungsprozess, erfolgt und sich Schüler dabei als Menschen entwickeln. Platon und Co. spielen keine Rolle im Methodenpuzzle der Junglehrer. Der Referendariats-Wahnsinn hat ihre Intellektualität paralysiert. Dort bilden sich keine Lehrerpersönlichkeiten, sondern es werden Methodentrainer ausgebildet. Mit dem Kompetenzbegriff wird diese Schwachstelle dann überpinselt und Professionalisierung inszeniert. Referendaren wird beigebracht, dass sie selbst und ihre Schüler methodische, soziale, personale und fachliche Kompetenzen ausbilden sollen. Und zwar in dieser Reihenfolge. Methodische Kompetenz wird mit „Unterstreichen in Texten während der Gruppenarbeit" übersetzt, soziale mit „Teamfähigkeit" und personale mit „Präsentation". Fachliche Kompetenzen werden häufig darauf beschränkt, Fakten und Zusammenhänge zu recherchieren und wiederzugeben. Insgesamt entsteht der Eindruck, dass Methodentraining zum Kompetenzerwerb führt. Eigene Fragen an einen Sachverhalt stellen, was einen gebildeten Menschen im Wesentlichen aus-

zeichnet, kommt in dieser Sezierung des Bildungs-
begriffs gar nicht mehr vor. Zwei Beispiele sollen
das verdeutlichen: In zwei „Fächerübergreifenden
Kompetenzprüfungen" an einer Schule stellte eine
Gruppe von sehr adrett gekleideten Mädchen ihr
Thema „Die drei monotheistischen Religionen"
vor. Ambitioniert zählten sie die unterschiedlichen
Glaubensgrundsätze auf. Der Religionskollege er-
fragte dazu Details: Die Rolle von Engeln zum Beispiel, oder ob Jesus auch bei den Muslimen vor-
kommt. Der Vorsitzende stellte Fragen aus politischer Perspektive: Inwiefern die Glaubensgrundsätze der Muslime und deren Niederschlag im Ko-
ran mit einem Rechtsstaat vereinbar sind? Ob bei
der Beschneidung von Jungen das Wohl des Kindes
auf körperliche Unversehrtheit oder die Religions-
freiheit wichtiger sei? Dadurch sollten die Mädchen zum Nachdenken gebracht werden: Dass sie
die Fragen aus verschiedenen Sichtweisen heraus
reflektieren und dazu ihr Wissen in Argumente
verwandeln. Ziel war, dass sie sich positionieren,
ohne andere Meinungen zu diskreditieren. Das
versteht man gewöhnlich unter Kompetenz. Doch
die anderen beiden Lehrer meinten nur, dass sol-

che Fragen für Realschüler zu schwierig seien. Andere Schule, anderes Beispiel, gleiche Problemstruktur: Eine Gruppe Jungs trägt etwas zu Olympia vor: Disziplinen, Regeln, Weltrekorde, Symbole. Das alles hätte man ohne weiteres in fünf Minuten googeln können. Geschichte hatten sie als zweites Fach gewählt, weil Olympia in der Vergangenheit entstand. Mit historischem Denken hatte das aber nichts zu tun. Deshalb wurden die Jungs gefragt, was Olympia mit dem Demokratiegedanken verbindet oder welche Rolle der Sport in unterschiedlichen politischen Systemen, z.B. in der Weimarer Republik, dem Dritten Reich, der Bundesrepublik und der DDR, spielt. Den anderen Prüfern stockte der Atem. Der Vorsitzende hatte es gewagt, in einer fächerübergreifenden Kompetenzprüfung eine fächerübergreifende Frage zu stellen. Aber die Jungs hatten die ganzen Regeln und Symbole sehr selbstbewusst und eloquent präsentiert. Personale Kompetenz: Eins. Fachliche Kompetenz? Egal. Es geht nicht um Erkenntnisse. Sondern um Performanz. An diesem Punkt waren wir bereits, aber er zieht sich leider durch alle Ebenen und Situationen unserer „Firma".

Was haben diese Beispiele mit der Ausbildung von Referendaren zu tun? Die Referendare glauben, man könnte Schülern Kompetenzen fachlichen Denkens genauso wie Inhalte beibringen, wenn nur der Methodeneinsatz varianten- und schülergerecht gestaltet wird. Der Referendariats-Wahnsinn lässt ihnen nicht den Hauch einer Chance, den Kompetenzbegriff erst einmal zu reflektieren. Zum Beispiel: Wie erwirbt jemand eigentlich Kompetenzen historischen Denkens? Eine Reflexion darüber erscheint überflüssig, weil die Frage mit dem Methodentraining bereits hinreichend beantwortet scheint. Dabei ist das die entscheidende Frage: Kompetenzen sind schwierig zu definieren, weil sie die Individualität eines Lernenden im Umgang mit Fragestellungen beschreiben, und das lässt sich nicht normieren. Wahrscheinlich ist es wie mit dem Autofahren. Autofahren lernt man, indem man Auto fährt. Man beschäftigt sich nicht erst eine Woche lang mit der Handbremse, und die nächste mit dem Gaspedal, sondern es spielt alles zusammen. In Verbindung mit der Persönlichkeit des Fahrschülers entsteht ein individueller Fahrstil, der sich trotzdem an allgemeingültige Verkehrsvorschriften halten muss. Kompetenzen historischen Denkens erwirbt man also, indem man historisch denkt, d.h. indem man Geschichte konstruiert, wobei das Zerlegen, Analysieren und Erstellen von Erzählungen und anderen Texten, von Daten, Dokumenten und Symbolen natürlich gekonnt werden muss. Wo aber aus dem methodischen Nacheinander die Konfiguration einer Bedeutung erstellt werden soll, da erst beginnt historisches Denken. Es geht also nicht um die Kenntnis von Daten, sondern um die Erstellung und Reflexion ihrer Bedeutung, und es geht nicht in erster Linie um das methodische Handwerk, sondern um die Reflexion des eigenen Erkenntnisweges: Wo sind Schwachpunkte, wo ist die Erkenntnis triftig? Ein Irrtum ist es zu glauben, dass die handwerkliche Versiertheit automatisch zu der gedanklichen Erkenntnis führt.

Den meisten Lehrkräften geht es aber nicht um gedankliche Erkenntnis. Wenn sie *Trümmerfrauen* zum Thema ihres Geschichtsunterrichts machen, steht meistens die Empathie der Schüler mit der schwierigen Lebenssituation dieser Menschen im

Mittelpunkt. Etliche dieser Frauen standen aber nicht nur auf den Ruinen ihrer Städte, sondern auch auf den Trümmern ihres Lebens. Ihre Biographie hatte einen Bruch. Interessant die Frage, ob diese Frauen Heldinnen waren? Oder Vorbilder für nachkommende Generationen? Kann auch diejenige Trümmerfrau ein Vorbild sein, die KZ-Aufseherin war und jetzt auf den Trümmern ihrer Wertvorstellungen sitzt? Wann ja, wann nein? In einem solchen Lernen geht es nicht mehr nur um Empathie, sondern darum, dass die Schüler selbst Kriterien erstellen, die für das Herstellen einer Bedeutung maßgeblich sein sollen. Für das Erreichen der personalen Kompetenz „Empathie" wäre das gar nicht nötig. Für historische Bildung ist das aber unabdingbar. Aus dem Referendariat werden Junglehrer entlassen, die von Dingen wie „Kompetenzen" sprechen, die sie nicht reflektiert haben. Denn eigentlich meinen sie „Standards" oder „Lernziele". Die Ironie dieses Problemkonglomerats besteht darin, dass eine Fokussierung des Unterrichts auf die Intellektualität von Lernsubjekten eher zu einer Individualisierung *und* zu einer qualitativen Güte von Lernen führt als das Methodenschauspiel, das von vielen Lehrbeauftragten an den Referendars-Seminaren als schülerorientierte-re Lernform verkauft wird. Im Kern liegt der Fehler der Referendars-Ausbildung darin, dass Referenda-ren suggeriert wird, die Qualität eines Unterrichts messe sich an der Vielfalt oder der Güte der einge-setzten Methoden. Das aber kann kein Maßstab in der Ausbildung von selbst denkenden Lehrerper-sönlichkeiten sein. Es fördert keine wissenschaftli-che Reflexion - z.B. wie man den Erwerb von Kom-petenzen ermöglichen kann - sondern vermeidet sie. Das Referendariat ist ein Reflexionsvermei-dungstraining. Alles, was die angehenden Lehrkräf-te an den Hochschulen inhaltlich und reflexiv er-worben haben, spielt plötzlich gar keine Rolle mehr. Die Referendars-Ausbildung negiert die Hochschulausbildung. Es gilt: Wer nicht einmal „soziale Kompetenz" in Gruppenarbeit oder „think pare share" in der Stunde trainiert, fällt durch die Lehrprobe. „Die Lehrkraft bezieht die SchülerInnen nicht in den Unterrichtsprozess ein", heißt es dann. Maßgeblich für das Unterrichtsniveau soll der schwächste Schüler sein, nicht die Ideen der stärksten, deren Diskussion die Schwächsten mitreißen könnte. Aktivierung und „Teamarbeit" sind für das „Niveau" maßgeblich, nicht die kognitive Entwicklung der Schüler. Wer eineinhalb Jahre auf diesem Niveau arbeitet, verlernt es, selbst über die Problemhaftigkeit nachzudenken, die in den Unterrichtsinhalten steckt. Für ihn ist von der Lehrerrolle über das Unterrichtsarrangement bis zu den Inhalten und Zielen alles klar. So werden Lehrkräfte „gebacken", die wie versierte Pädagogen wirken, aber in Wahrheit nur Ameisen einer bildungspolitischen Luftblase sind. Diese jungen Lehrkräfte, die Sklaven einer Bildungsideologie sind, sitzen dann in Kaffees und nerven alle anderen Gäste mit ihrer unerbittlichen Selbstsicherheit, die in Wirklichkeit nur Selbstbeschränktheit ist. Man sollte Kollegen anrufen und laut ins Telefon rufen: „Du, hier sitzen wieder zwei, die genau wissen, wie es geht. Die wissen, was ein richtiges und was ein falsches Lehrerhandeln ist." Solche Sklaven sind nicht mehr in der Lage, ihre Rolle als Lehrkraft selbst zu gestalten. Und das ist bildungspolitisch gewollt. Denn Lehrkräfte, die ihre Rolle nicht mehr selbst gestalten können, halten den Mund. Man will gar nicht wissen, wie groß der Anteil solcher

Personen unter den jungen Lehrkräften ist. Geschätzt: 70% bis 80%. Den deutschen Eltern ist das nicht bewusst, dass ihre Kinder in einem solchen Unterricht nicht klüger, sondern immer dümmer werden. Sie zeigen eine große Abneigung gegenüber herausfordernden Aufgabenstellungen. Intellektualität gehört ihrer Meinung nach an die Uni. In der Schule, so fordern sie, geht es um Lernfreude, um Kindgerechtheit, auch wenn die Lerninhalte trivial sind und die Erkenntnis ihrer Kinder gegen Null tendiert. Das Land der Dichter und Denker hat sich in eine intellektuelle Zwergenlandschaft verwandelt. Die Dichter wurden Handwerker-Ameisen, und die Denker wurden Lustzwerge. Ideen und Sprache sind in der „Firma" nicht mehr wichtig. An ihre Stelle treten Aktivierung und Jovialität. Sollte an dieser Stelle der Eindruck entstehen, dass das eine Verschwörungstheorie ist, so dementiere ich das. Ich gebe nur wieder, was ich in vielen Jahren beobachtet habe.

Neben einer solchen systemischen Betrachtung tragen auch die Persönlichkeiten der angehenden Junglehrer wesentlich zu dieser Entwicklung bei:

Praktikanten, die denken, dass es ausreicht, zwei Seiten im Schulbuch zu lesen, um einen Geschichtsunterricht in einer neunten Klasse zu halten, sind keine Seltenheit. Auf die Schülerfrage, wie man die Funktion der SS in dem gleichgeschalteten Staat zu verstehen hat, antwortet ein solcher Praktikant dann jovial: „Das war halt eine Mörderbande." Danach kommen die Schüler zum Praktikumsbetreuer der Hochschule und fragen ihn, ob man diesen Praktikant nicht in einer Dauerwerbesendung für Autopoliermittel auf „Sonnenklar-TV" unterbringen könnte. Viele Referendare haben wie dieser Praktikant keine Vorstellung davon, worauf es im Sozialgefüge des Unterrichts ankommt. Sie denken, es ginge in erster Linie darum, dass sie mit den Schülern in eine kumpelhafte Interaktion treten. Oder sie denken das Gegenteil: Dass sie der kluge Lehrer sind, der den dummen Schülern jetzt mal was beibringt. Am Ende ist das der Grund dafür, dass der Unterricht schief geht. Dass es im Unterricht darum geht, dass die Lehrperson *Intellektualität lebt*, ist auch hier ein ganz entscheidender Punkt. Schüler wollen keine Schauspieler als Lehrer, sondern echte Menschen, die sich mit ih-

rem Fach wirklich gedanklich auseinandersetzen.
Wenn Lehrkräfte stattdessen nur „das Buch durch-
arbeiten“, ist das skandalös. Dazu muss man nicht
studiert haben. Man könnte auch den Hausmeister
in die Klasse stellen. Lehrpersonen sollen Lernprozesse initiieren und am Laufen halten. Das kann
nicht funktionieren, wenn sie selbst gedankenlos
kumpelhaft bleiben. Wie soll sich da Sprache, wie
das Denken entwickeln?

Wenn man einen guten Geschichtsunterricht halten möchte, in dem Lern- und Denkprozesse wichtig sind, braucht das mindestens vier Zeitstunden
Vorbereitung; nach oben sind keine Grenzen gesetzt. Man muss Quellen recherchieren, vielleicht
in Archiven, man muss sich fachwissenschaftlich
auf den Stand der Forschung bringen, Forschungs-
diskurse kennen und das Ganze in eine Leitfrage
kleiden. Man muss sich in fachdidaktische Modelle
des Lernens einlesen. Was hat ein Praktikant eigentlich begriffen, wenn er meint, dass zwei Seiten
im Schulbuch zu lesen ausreicht, um Lernprozesse
zu ermöglichen? Man darf zwar nicht alle Praktikanten und jungen Lehrkräfte über einen Kamm

scheren, aber es geht um eine Entwicklung, die zu einem ganz wesentlichen Problem an unseren Schulen werden wird: Viele Lehrer sind dümmer als ihre eigenen Schüler. Sie können sich nur deshalb vor den Klassen halten, weil ihre Rolle eine Machtposition enthält. Diese drückt sich unmittelbar in der Gestaltung ihrer Klassenarbeiten aus: Dort wird geprüft, was Schüler richtig wiedergeben, aber nicht, ob sie Denken gelernt haben. Wo das Buch „Nieten in Nadelstreifen"[26], das ähnliche Entwicklungen bei Bankern beschreibt, auf allgemeines Kopfnicken traf, ist das in der Schule anders: Entweder geben die „dummen" Lehrer inflationär schlechte Noten, um ihre Machtposition zu festigen. Oder sie geben sich extrem schülerfreundlich und geben nur gute Noten, damit ihre Defizite nicht auffallen. Natürlich trägt ein solches Verhalten direkt zur Absenkung des Niveaus an Schulen bei, weil dort, wo „gut" draufsteht, höchstens noch „ausreichend" drin ist, oder weil Denkqualität der Schüler von Lehrkräften nicht mehr erkannt wird. In den Augen vieler Eltern sind solche Lehrkräfte aber „gute Lehrer", weil sie sich um ihr Kind kümmern, während die Anspruchsvollen ihr Kind nur mit angeblich überzogenem Niveau quälen – was keinen Spaß machen kann. Die Schüler halten derweil, obwohl sie nichts lernen, den Mund. Was sollten sie auch gegen gute Noten sagen? So entstehen zwei Kategorien von jungen Lehrkräften, neben denen die wirklichen Persönlichkeiten untergehen: Die Ameisen und die Dummen.

Die Ameisen lassen sich leicht ausnutzen, wenn sie erst einmal eingestellt sind. In unseren Untersuchungen zur Wirksamkeit der Lehrerbildung gaben die jungen Lehrkräfte an, zum Teil bis zu fünf Zusatzaufgaben zu übernehmen: In der Schülermitverwaltung, in der Schulentwicklung, in Evaluationsrunden, in der Öffentlichkeitsarbeit, im Schulleitungsteam, in der Praktikantenbetreuung, in der Gewaltprävention, in der Suchtprävention, in der Begutachtung von Lese-Rechtschreib-Schwäche usw. Unterrichten als Nebentätigkeit. Der Idealismus dieser jungen Lehrkräfte wird gnadenlos ausgenutzt. Sie springen darauf nicht nur an, weil sie das System noch nicht durchschauen können, sondern weil sie verbeamtet werden wollen. So arbeiten sie bis zu 70 Stunden in der Woche, ohne dass die Qualität ihres Unterrichts dabei im Mittelpunkt steht. Sie haben keine Zeit mehr, die Gedanken schweifen zu lassen, Ideen zu entwickeln, selbst über Fragestellungen in ihrem Fach nachzudenken, oder einfach mal Bücher zu lesen. Wenn sie in die „Firma" einsteigen, werden sie unumgänglich zu Funktionären ihres eigenen Außenbildes, nicht zu denkenden Vorbildern für ihre Schüler. Weshalb muss man überhaupt studieren, um ein Ameisen-Funktionär zu werden? Zumindest die geisteswissenschaftlichen Fächer zeichnet doch ein hermeneutischer Impetus aus, was Wilhelm Dilthey einst sinngemäß auf die Formel brachte: „Die Natur erklären wir, soziale Dinge verstehen wir."[27] Wenn ich verstehen möchte, wie aus ganz normalen Menschen Terroristen werden, muss ich unendlich viel lesen. Aber wenn ich zwei Drittel meiner Zeit für Funktionsaufgaben verwende, kann ich nicht auch noch lesen. Dann erkläre ich meinen Schülern: Sie werden Terroristen, weil sie in Armut aufgewachsen sind und einen Hass auf den westlichen Wohlstand entwickelt haben. Das lernen die Schüler und denken, sie hätten etwas gelernt. Und der sehr beschäftigte Junglehrer glaubt irgendwann, dass das, was er seinen Schülern aus Zeitmangel erklärt, wirklich stimmt. Währenddessen bekommt er von seinen Vorgesetzten vermittelt, dass man seine Kompetenz schätzt. Damit ist jedoch nicht gemeint, dass man ihn für einen guten Pädagogen hält, der die Schüler zum Denken bringt. „Schätzen" bedeutet, dass er pünktlich Verwaltungslisten an die Schulleitung weiter gibt: Zum Migrationsstatus seiner Schüler, zu Wahlpflichtfächer-Einteilungen, zu den Eintrittsgeldern im Rahmen der Theaterkooperation. Man sieht: Es geht auf allen Ebenen, sowohl bei den Schülern in den Prüfungen wie auch bei den Lehrern und der Schule als Institution, um die Außenwirkung, nicht um die Reflexionsfähigkeit der dort wirkenden Menschen.

An dieser Stelle ist ein Appell an die Bildungspolitik nötig: Legt nicht so viel Wert darauf, schulische Strukturen zu verändern (z.B. Selbstevaluation von Schulen usw.), sondern gebt den jungen Lehrkräften Zeit, sich zu reflektierten Persönlichkeiten zu entwickeln. Diese Lehrkräfte haben nicht zu viel Zeit, sondern viel zu wenig. Sie werden zermürbt in einem System, das sich nur um sich selbst dreht. Ihren Schülern haben sie als Klassenlehrer am Anfang des Schuljahrs bereits zwanzig Schreiben (zum Materialgeld, zum Verlassen des Schulgeländes, zu Entschuldigungsmodalitäten usw.) ausgeteilt, noch bevor sie sie überhaupt fragen konnten, wie es ihnen geht. Die Ausbildung fordert Schülerorientierung, aber sie produziert Lehrkräfte, die perfekt in einem unmenschlichen System funktionieren. Das ist das Paradoxon von bildungspolitischen Qualitätsoffensiven.

Die „dummen" Junglehrer haben nicht zu wenig, sondern zu viel Zeit. Statt Fachbücher lesen sie Reisekataloge. Wenn Schüler in der Hausaufgabe die gelernten Daten nicht reproduzieren können, gibt es einen Strich oder eine Strafarbeit. Es ist alles klar; das Geld ist pünktlich am letzten Werktag eines Monats auf dem Konto. Das Schulbuch ist ihr heimlicher Lehrplan. Das Lehrerleben ist schön. Diese Kategorie von jungen Lehrkräften enthält viele, die sehr selbstbewusst sind – bei kompletter Ahnungslosigkeit. Die (Selbst-)Disziplin und die Anstrengung, die sie in übertriebener Weise von

ihren Schülern einfordern, stehen in einem umge-
kehrt proportionalen Verhältnis zu ihrem eigenen
reflexiven Engagement.

Wer kümmert sich in den Schulen noch um die
kognitive Entwicklung der Kinder? Wer hat noch
Zeit für Gespräche mit den Jugendlichen? Für Dis-
kussionen? Wer interessiert sich für ihre Meinungen und Sichtweisen? Wir reden andauernd über
die Qualität von Bildung. Aber während wir unsere
„Bildungsanstalten" zu Tode reformieren, erstickt
der Unterricht in Unbildung. Die „Basisarbeit" im
Klassenzimmer, das wichtigste Element von Bildungsqualität, ist zu einem Nebenschauplatz verkommen. Es interessiert niemanden, mit welchen
Einstellungen und Haltungen Lehrkräfte dort wirken. Die Firmenführung interessiert nur, ob die
Planstelle wieder besetzt ist oder sogar wegfallen
kann. Mit wem sie besetzt wird — ob mit einer
denkenden Persönlichkeit, einer Ameise, einem
Funktionär oder einem „Dummen", das interessiert niemanden. Es interessiert uns nicht, *wer* unsere Kinder unterrichtet, obwohl 90% der Qualität
an Schulen davon abhängen. Dieser eigentliche

Skandal betrifft nicht nur die Bildungsbürokratie, sondern auch Eltern, von denen viele nicht in der Lage sind, einen guten von einem schlechten Lehrer zu unterscheiden.

3.   Ohnmacht statt Gestaltung

In der Landesverfassung heißt es, dass dem Lehrer die „unmittelbare Verantwortung für die Bildung und Erziehung der ihm anvertrauten Schüler" obliegt. Während Begriffe, wie Kant meint, leer sind und mit Anschauung gefüllt werden müssen, ist das „Verantworten" des pädagogischen Handelns leicht definierbar. „Verantworten" bedeutet „jemandem Antwort geben". Die Qualität von Lehrkräften lässt sich demnach ganz leicht testen. Man frage die Lehrkraft, um was es ihr in ihrem Fach, in ihrem Beruf, in ihrem institutionellen Handeln geht. Eine Relevanz des eigenen pädagogischen Handelns bilden und beschreiben zu können, ist etwas völlig anderes, als methodische Formeln im Unterricht und Rechtsnormen, z.B. bei der Notengebung, zu erfüllen, weil nicht nur das Lernen, sondern auch das Lehren eine selbstbezügliche Dimension gewinnt.

Die Mehrzahl der erfahrenen Lehrkräfte ist sich über die Relevanz der Selbstbezüglichkeit ihrer Lehre nicht im Klaren. Die unglaubliche Intensität der schulalltäglichen situativen Erfordernisse zersetzt den klaren Verstand, den man bräuchte, um über die eigene Rolle in dem Bildungsveranstaltungstheater der Bildungsanstalten nachzudenken. Lehrkräfte aber müssen ununterbrochen reagieren. Untersuchungen haben ergeben, dass sie bis zu 200 Entscheidungen in einer einzigen Unterrichtsstunde treffen.[28] Manche kommen vier oder fünf Stunden lang nicht dazu, die Toilette aufzusuchen. Die unterdrückte Notdurft macht ihre Kreativität dann not-dürftig. Der Schulalltag ist ein unbarmherziges Skript für die Psyche seiner Akteure. Diese werden geleert, anstatt zu lehren, aber sie werden dabei nie zu „Gelehrten". Sie sind - wie in einem kafkaesken Drama — zur Ohnmacht verdammt in einem anonymen Prozess, dem man zu gehorchen hat, weil man nur dann überhaupt ein wenig als Person wirken kann. Das führt dazu, dass Lehrkräfte durch die unbemerkte Sozialisation eines Verhaltensschemas wie Vergewaltigungsopfer handeln: Erst reagieren sie andauernd, und dann kompensieren sie, dass sie nur reagieren konnten — mit kleinkarierten Unsinnigkeiten oder aufdringlicher Lockerheit. Die meisten reden sich dabei ein, dass sie alles im Griff haben, während sie gerade das Maß ihrer Rollenverantwortung verlieren. Ihrem Bewusstsein bleibt verschlossen, dass ihre Selbst-Rezepte Teile eines Drehbuchs sind, das andere geschrieben haben. Wer eigentlich? Stell' dir vor, du spielst die Hauptrolle in einem Film, ohne es zu wissen, oder in dem Glauben, dass du den Film selbst gedreht hast, in dem du die Hauptrolle spielst, von der du nichts weißt. Offensichtlich ist die Anonymisierung nicht nur ein Problem von Schülern in individualisierten Lernformen, die ihre Verfechter ja mit dem Ziel der sozialen Kompetenz begründet haben. Auch die Lehrpersonen, die von einer unsichtbaren Macht getrieben sind, werden zu Atomen einer anonymisierten Lernkultur. Sie werden nicht mehr als fachwissenschaftliche Experten oder charismatische Persönlichkeit wahrgenommen. Ihre erfahrungsgesättigte Expertise wird unbedeutend, wenn sie keine Gestalter mehr sind, sondern Sklaven eines ideologiedurchtränkten Systems. In aller Deutlichkeit zeigt sich diese Verwandlung dort, wo Lehrpersonen während offener und individualisierter Lernformen zu Hilfskräften ihrer eigenen Schüler degradiert werden.

Unumgänglich drängt sich die Frage auf, warum sie dazu überhaupt noch studieren müssen. Jahrzehntelang konnten Eltern überall nachlesen, dass Lernen Spaß machen soll. Jetzt versucht eine immer größer werdende Gruppe selbsternannter Bildungsavantgardisten den Eltern beizubringen, dass ihre Kinder dann am besten lernen, wenn die Lehrer gar nicht mehr dabei sind. Das aber ist absurd, nicht nur, weil die Öffnung und Individualisierung von Lernen eine Anonymität des Lernprozesses mit sich bringt, was dem Ziel der „Teamfähigkeit" widerspricht, oder weil bei solchen Lernformen das Ziel, selbstidentisches, beschreibendes Wissen in Bedeutungs- und Zusammenhangswissen verwandeln zu können, auch seine eigene Voraussetzung ist. Es ist verlogen, zu behaupten, dass die Lernqualität steigt, je mehr man den Lehrer aus dem Unterricht entsorgt, während man auf der anderen Seite in „Wochenplänen" das veraltete Denken in Inhaltsbereichen, die sich Schüler dann selbstständig aneignen sollen, unterbringt, anstatt über die Lernqualität dieser Schüleraufgaben nachzudenken. Bildung wird verwaltet, Lernqualität dem „freieren" Lernen, das stringent organisiert sein soll, einfach unterstellt. Das selbstorganisierte Lernen setzen seine Propagandisten pauschal mit „modernem und gutem" Lernen gleich, die „Lehrerorientierung" mit „schlechtem Unterricht". Natürlich wissen wir, dass ein Lehrer, der Gespräche und Diskurse in seinem Unterricht konzentriert, aber präsent moderiert, Unterricht nicht zwangsläufig als gesprochenen Lückentext inszeniert. Er kann in dieser äußerlich gleichen Form des Unterrichtens auch jemand sein, der Anstöße gibt, die die Schüler in einen Kosmos gedanklicher Intensität hineinziehen. Beispiele? War der Eichmann-Prozess für die Aufarbeitung der Shoa notwendig oder sinnlos? Können wir unsere Politikerschelte noch aufrechterhalten, wenn wir uns darüber klar werden, dass Politik das Recht, die Wertorientierung und die Tradition einer Gesellschaft verbinden muss, was sehr komplex und fast unerfüllbar erscheint? Der Lehrer könnte ein Mittler zur Wahrheit sein. Dass er vorne steht und lehrt, heißt nicht, dass er ein Vermittler von Wahrheiten ist. Die Glorifizierung des vermeintlich „modernen", „demokratischen", „menschennahen" Lernens ist vor allem deshalb verlogen, weil sie über eine systemische Kommunikation erfolgt, die Macht im Diskurs anstrebt: Wer die Dogmen der Selbststeuerung von Lernen problematisiert, wird als rückständig, unmodern und menschenfeindlich denunziert. Das Lernen von einer Lehrerpersönlichkeit wird als „Unterdrückung und Entmündigung von Kindern" beschimpft. In dem Slogan „Lernlust statt Lernzwang" gerinnt das Machtbewusstsein der Verfechter von „Chancengleichheit" zu einer „Sprache der Reformer", die andere Meinungen überhaupt nicht mehr zulässt. Sie ist performativ selbstimmunisierend, weil sie eine Atmosphäre erzeugt, in der man gewisse Dinge nicht mehr kritisieren kann, da sie Selbstläufer geworden sind. Nachfrager, die diesen Commonsense stören, sehen sich sofort mit dem Verdacht oder der Unterstellung von Unprofessionalität konfrontiert, ganz gleich, wie qualifiziert sie sind. Die „Schulreformer" atomisieren und anonymisieren über ihre Lernkonzepte und ihre Diskursmacht nicht nur die Lernprozesse von Schülern, sondern auch das Berufshandeln ihrer Kollegen. Diese Methoden entlarven ihre Ziele aber als Lüge. Es geht ihnen nicht immer um eine bessere Pädagogik, sondern mindestens gleichrangig auch um Macht in der Schule. Vielleicht geht es sogar einfach nur um Entlastung. Unsere Lehrkraft, die bereits von dem andauernden belanglosen Geschwätz in allen Ecken des Schulhauses ermüdet, zieht sich nun ganz zurück. Denn die Diskursmacht der Reformer spricht ihr jegliche Berufskompetenz ab, die sie bisher als „beruflich kompetent" identifizierbar machte. Ihr wird vorgetäuscht, dass ihr Berufsleben eine Selbsttäuschung war. Lehrkräften ihr Berufsleben als Berufslebenslüge zu verkaufen – daraus sind die Geschichten gestrickt, aus denen „Schulentwicklungsprozesse" bestehen. Die echten Denker und Könner unter den Lehrpersonen finden keinen Resonanzboden mehr für ihre Reflexionen. Wer der „Modernisierung" des schulischen Lernens nicht zustimmt, der soll gehen, am besten aus freien Stücken. So werden neben den Schülern auch die Schulen immer dümmer, weil sie ihre besten Köpfe verlieren, jene, die es sich nicht mehr antun wollen, wegen ihrer Berufskompetenz und ihrer Verstandesschärfe gemobbt zu werden. Sie möchten sich nicht als Lehrer von selbsternannten „Lernbegleitern" sagen lassen, wo es lang geht.

Das entlarvt deutlich das Paradoxon des pervertierten Begriffsverständnisses. Würde es eine fortschrittliche Schule nicht auszeichnen, dass sie sich Querdenker leisten mag?

Wo die Dogmatik der äußerlichen Lernorganisation die Qualität der Lernprozesse dominiert, entsteht für viele atomisierten Lehrkräfte ein Problem: Diese Schulkonzepte einer „Reformpädagogik reloaded" sind wie Finanzprodukte. Keiner durchschaut sie, aber am Ende stehen Schulden, für die die Lehrkräfte haften: Zum Beispiel dann, wenn die selbstorganisierten Schüler die zentralen Abitur- oder Realschulprüfungen nicht mehr bestehen, weil Freiarbeit schließlich Pause ohne Unterricht war. Die Ironie der Geschichte besteht darin, dass die „Reformavantgardisten", die von Selbstverantwortung der Schüler sprechen, meist nur selten in Abschlussklassen unterrichten. Statt Selbstverantwortung geht es ihnen um Verantwortung gegenüber ihrem Selbst: Gesundheit, Belastbarkeit, Bequemlichkeit. Sie verbreiten einen Habitus der Pragmatik, der alles Nachdenken unter einen großen roten Teppich kehrt. Dann lassen sie die Schüler als Stars darauf spazieren gehen und feiern ihr eigenes Versagen als Erfolg. Unsere zerfahrene Lehrkraft läuft gezwungenermaßen mit den Schülern auf dem Teppich mit, weil kein anderer Weg mehr existiert. So wird die *paideia*, der Weg der Bildung, zu einem Laufsteg der Eitelkeiten. Am liebsten würden die Avantgardisten noch alles in Plastik hüllen und „Kunst" darauf schreiben. Bildung als artifizieller Plastikbegriff. Das ist das Ergebnis eines „humaneren" Lernens, das in Wirklichkeit Anonymisierung, Atomisierung, Systemdominanz und Mobbing bedeutet. Es entfremdet die Menschen von ihrem Verstand und spielt mit ihrer Menschlichkeit, was zutiefst unmenschlich ist. Die Schule als Sekte: „Wir glauben an die Freiarbeit. Wir glauben an den Wochenplan. Wir glauben an das XY-Konzept." Zu allem Überfluss wird das Ganze auch noch als demokratischer Prozess inszeniert. Wo den Lehrpersonen vorgegaukelt wird, dass sie sich einbringen und mitgestalten könnten, wird von ihnen in Wahrheit nur ein „richtiges" Votum erwartet. Wenn sich die Votierenden gegen die Reformen aussprechen, tragen sie die Schuld am Scheitern des Bildungssystems und gelten selbst als gescheiterte Lehrer. Dass die Mechanismen der Formung von Volksgenossen in den „Schulen der Aufklärung" wiedergeboren werden könnten, wäre niemandem im Traum eingefallen.

Wenn sich diese Struktur verselbstständigt, werden die selbst ernannten „Reformavantgardisten" ebenfalls zu Sklaven ihres pädagogischen Schlagwort-Stückwerks. Am Anfang wollten sie modernisieren, am Ende beten sie die von ihnen erschaffene Form an. Sie entwickeln Angst davor, dass diese bürokratische Struktur formal nicht mehr funktioniert, weil dann die Leere unter ihrer Pädagogikblase sichtbar wird. Dass sich in dieser strukturellen Form aber Menschen von sich selbst entfremden, ist ihnen kaum wichtig. So wird die auf diese Weise „modernisierte" Schule zu einer Tragödie. Die selbst ernannten „Reformer" sehen nicht mehr das Ganze, weil sie sich in ihrer eigenen Denkschleife verlieren. Auch sie denken, sie hätten die Regeln des Diskurses im Griff, aber wenn die Strukturen, denen sie Leben eingehaucht haben, zu einem Panoptikum des Funktionierens mutieren, dann kennen auch sie die Regeln nicht mehr und funktionieren, wie sie funktionieren müssen. Wo aus Pädagogik Politik wurde, weil nicht mehr Menschen zählen, sondern Formkonzepte Gesellschaftsideologie und Bequemlichkeit zu gleicher Zeit bedienen, geraten die „Reformer" als Personen selbst unter die Räder. Alle Anderen schreiben ihnen dann nur noch eine Identität zu, die sie aus den „neuen Strukturen" ableiten, und dazu gehört der Gebrauch von Vorurteilen über die Strukturen. Aus erlebbaren Begegnungen und Gesprächen entstehen diese Identitätszuschreibungen kaum mehr. Das heißt: Die Betroffenen können die Aussagen über ihre Person nicht mehr richtigstellen. So werden die „Reformavantgardisten" zu Sklaven des Systems, das sie aus Gründen ihrer Macht durchgesetzt haben. Dann gibt es in den Schulen nur noch Sklaven. Unsere Bildungszukunft steckt durch die Eigengesetzlichkeiten von Machtdiskursen und Diskursmächten in einem Marionettenspiel fest, aber niemand kennt den Spieler, der die Puppen tanzen lässt. Wie bei Michel Foucault in „Überwachen und Strafen" ist die Macht am Ende nicht mehr an Personen gebunden, sondern wird systemisch. Für Diktatoren ist das positiv, weil es ihren Machterhalt sichert, auch wenn sie schwach sind. Für Schulen ist das katastrophal, weil Bewusstsein und Verantwortung dann nicht mehr existieren. An ihre Stelle treten Funktionieren und Pflicht. Die leere Pflichterfüllung führt den Begriff „Selbstverantwortliches Lernen" ad absurdum. Es kann kein selbstverantwortetes Lernen geben in der Diktatur einer systemischen Macht.

Diese Systemform wird sich überall selbst reproduzieren, nicht nur bei den Schülern, die sich ihr unterzuordnen haben. Zum Beispiel dort, wo neue Lehrkräfte eingestellt werden sollen. War es bisher unwichtig, ob diese neuen Lehrpersonen gelehrte Personen sind, weil es wichtig war, dass die Planstelle besetzt wird, so ist das entscheidende Einstellungskriterium nun, ob die neuen Lehrer „richtig" funktionieren. Das heißt, ob ihre pädagogische Gesinnung zu dem Bildungsveranstaltungstheater passt, nicht mehr, ob sie selbstständig und profund über Bildung und Lernen nachdenken. Wo die Schüler zu Funktionären ihrer Lernorganisation werden, werden die Lehrkräfte zu Funktionären ihrer pädagogischen Gesinnung. Wo „humanes, kindgerechtes" Lernen draufsteht, ist am Ende Funktionieren wichtig, also die Perversion des Handelns einer Person. So erzeugt die Besetzung der Sprache, der Gesinnung und der Lernform eine Trias, die für „Freiheit" stehen soll, in Wahrheit aber die Schule der Sklaven kennzeichnet.[29]

4.   Zersplitterung statt dem „Ganzen"

Denken ist anstrengend. Es bedeutet, das Für und Wider einer These abzuwägen oder selbst entwickelte Fragen an einen Themenkomplex zu stellen. Die „Reformpädagogik-Reloader" stellen keine Fragen. Sie geben unaufhörlich Antworten auf Fragen, die niemand gestellt hat. Zum Beispiel sagen sie, dass „längeres gemeinsames Lernen" für alle Kinder besser sei, noch bevor sie erörtert haben, ob dadurch auch die Lernqualität steigt. Wo das „längere gemeinsame Lernen" in Reformschulen mit Phasen realisiert wird, in denen die Schüler Lehrer, Lerninhalt und Arbeitstempo frei wählen, verkommt das Gemeinsame immer mehr zu einem vereinsamten Brüten über einem Arbeitsblatt. „Gemeinsam" bedeutet dann nicht mehr, gemeinsam über eine These nachzudenken, sondern gemeinsam in einem Raum zu sitzen und den eigenen Gedanken nachzuhängen. Das ist kein längeres gemeinsames, sondern gemeinsames einsameres Lernen. Dass sich hier Schüler gegenseitig unterstützen, die mit unterschiedlicher Geschwindigkeit lernen, ist kein Argument für diese Zersplitterung der Lerngruppen. Sie könnten sich auch im Klassenverband coachen. Tatsache ist aber, dass gedankliche Kontinuität nicht mehr funktionieren kann, wenn die anwesenden Personen ständig wechseln. Man stelle sich eine politische Talkshow vor, in der es um gesunde Ernährung geht. Alle zehn Minuten werden zwei Gäste durch neue ersetzt. Das kann die Diskussion beflügeln oder erlahmen lassen, je nachdem, ob die Argumente schon einmal genannt worden sind. Es hängt aber auch davon ab, ob ein Zuschauer die ganze Talkshow sieht oder jeweils zehn Zuschauer unterschiedliche zehn Minuten der Talkshow. Man stelle sich vor, dass nicht nur alle zehn Minuten zwei Gäste durch neue ersetzt werden, sondern hundert Zuschauer durch hundert neue. Warum wird die Talkshow dadurch sinnlos? Weder einzelne Personen noch Gruppen können einen Erkenntnisgewinn erzielen, der über das Aufblitzen von Einzelaspekten hinaus reicht. Wie sollen Lehrkräfte Lernprozesse planen, wenn sie nicht mehr wissen, welche Schüler sie am nächsten Tag vor sich haben, welche sozialen, psychischen und intellektuellen Lernvoraussetzungen die dann anwesenden

Schüler mitbringen und welchen Kenntnisstand diese über die bisherige Reflexion einer Problemstellung besitzen? Da fängt das Denken doch jedes Mal wieder von vorne an! Hinzu kommt, dass Grund- und Hauptschulen bislang ja nicht grundlos auf das Klassenlehrerprinzip gesetzt haben (ein Lehrer unterrichtet möglichst viele Fächer in seiner Klasse). Es ist paradox, dass die soziale und gedankliche Fragmentierung, die zunehmend als eine gesellschaftliche Schieflage erkannt wird, im Lernen die Lösung für alle schulischen Probleme sein soll.

Eigentlich ist die Idee, dass das Lernen in der Schule wie das Studieren an der Uni funktionieren könnte, wo Studenten selbst auswählen, welche Seminare sie besuchen, eine gute Idee. Aber selbst dort bleiben die Seminargruppen ein ganzes Semester lang zusammen, wenn sie sich einmal eingefunden haben. Sonst wäre es unmöglich, leitende Erkenntnisinteressen oder Leitfragen zu einem Themenkomplex zu formulieren, z.B., ob die „Goldenen 1920er Jahre" der Weimarer Republik nur ein Phänomen sind, das aus ihrer Präsenz und Betonung in der Geschichtsschreibung entstand, also ob es „Inseln kulturellen Fortschritts" gab, die „Masse" aber konservativ blieb? Die neu hinzukommenden Studenten würden das Denksystem, in dem sich die Gruppe mit dem Ziel der Erkenntnismehrung bewegt, nicht kennen. Sie würden nicht wissen, welche Erkenntnisse durch gemeinsame Quellenanalyse und „Verhandeln" von Interpretationsansätzen zu Filmen oder Romanen bereits Konsens geworden sind. Das Gespräch würde nicht durch Denken, sondern durch erfahrungsgebundenes Assoziieren dominiert, und am Ende bliebe für den Einzelnen keine Erkenntnis in einem gedanklichen Ganzen, sondern nur ein Wähnen und Meinen, das aus einem oder zwei Gedankenblitzen entsteht. Kollektive Bewusstseins- und Erkenntnisprozesse werden unmöglich. Wo in der politisierten Schuldebatte individualisiertes und soziales Lernen zwei Seiten derselben Medaille sind, schließen sie sich in der schulischen Erziehungswirklichkeit aus. Pädagogische Entwicklungsprozesse würden beliebig, denn sie leben von der Interaktion lebendiger Personen, vom Spannungsverhältnis zwischen Individuen und zwischen

Individuum und Kollektiv, nicht von einer systemischen Idee der Lernorganisation, in der sich die Vision von Selbstverantwortung darin erschöpft, sich selbstständig Kenntnisse anzueignen, also Wissen auf Information zu reduzieren. Weshalb sterben Babies, wenn sie keine Zuwendung bekommen? Weshalb entwickeln Menschen, die lange Zeit z.B. in Wolfsrudeln leben, zwar einen ausgeprägten Instinkt für Gefahren, aber keine Fähigkeit, sinnverwiesen zu kommunizieren (z.B. Ironie)? Die Gemeinschaft, in der Menschen leben, prägt die Entwicklung ihrer Fähigkeiten. Normalerweise entsteht diese Prägung durch eine Lebenswelt, in der kulturelle Kommunikation nicht nur über allgemeinbildende Wissensbestände, sondern über Tradition, Sitte, Recht und Kommunikation erfolgt. Sozialisation hat nichts mit Formung oder Unterdrückung von Individualität zu tun, sondern sie beschreibt das Fortschreiten des Individuums durch eine Auseinandersetzung mit diesem kollektiven Sinn. Diese Auseinandersetzung entfällt in einer individualisierten Lernorganisation, und zwar sowohl in sozialer als auch in fachlicher Hinsicht. Dort endet die Arbeit am Ende des

Arbeitsblattes. Den Lernenden wird dadurch vorgetäuscht, dass eine abschließende Erkenntnis erreichbar sei. Begriffe zu reflektieren, sie durch Kontexte zu ziehen, in denen sie unterschiedliche Relevanz erhalten, diese zu erweitern - all das, was Lernprozesse auszeichnet, wird dann ersetzt durch eine bloße Abbildungsdidaktik, die in einer quantitativen Beschallung mit selbstidentischem Wissen mündet. Zum Beispiel: Statt gemeinsam darüber zu reflektieren, was das Denken eines Terroristen auf einer anthropologischen, einer sozialen, einer rechtlichen, einer kulturellen, einer politischen Ebene kennzeichnet, eignen sich die Schüler dann ‚Formen von Terrorismus' an. Diese sind auf dem Arbeitsblatt klassifizier- und unabhängig von Diskursinhalten als Wissensfundus reproduzierbar. Klassifizierbares Wissen ist für das Anfertigen von Materialien, die in „selbstorganisierten" Lernphasen bearbeitet werden sollen, viel besser zu gebrauchen als eine multiperspektivische Denkstruktur. Das führt zu der absurden Situation, dass die Schüler in ihren „selbstorganisierten" Arbeitsphasen wahrscheinlich in einem viel höheren Ausmaß, als es erwünscht sein kann, Wissen reproduzieren

oder sich Wissen aneignen, was die „Reformpädagogik-Reloader" ja gerade als Argument gegen den
lehrerzentrierten Unterricht anführen. Hier beißt
sich die Katze in den Schwanz: Die Reformer denken darüber nach, welchen gesellschaftspolitischen Zielen die Lernorganisation genügen soll.
Aber sie denken nicht über die Qualität des Lernens in dieser Lernorganisation nach, weil sie nicht
die Mechanismen und inneren Muster der Be-
wusstseinsbewegungen in den Lernprozessen von
Individuen reflektieren. Die „Individualisierung"
von Lernen, die sie als Ausdruck ihres angeblich
„subjektorientierten" Erziehungs- und Bildungsver-
ständnisses anführen, hat eine Funktion für die
Realisierung einer gesellschaftspolitischen Vision.
Sie drückt aber keinen „Turn" zu einem menschlicheren Verständnis schulischen Lernens aus. Das
Argument, man würde den Schülern in „selbstorganisierten" Lernphasen mehr zutrauen, ist als
Beweisführung für einen Wandel der Lernkultur
untauglich. Denn dass die Schüler ihr Lernen selbst
organisieren, bedeutet keineswegs, dass sie auch
qualitativ unabhängiger und selbstständiger lernen. Irgendjemand muss die Aufgaben in den Wo-

chenplänen ja formulieren und zusammenstellen. Wenn Aufgabe 7 im Mathematikschulbuch statt im normalen Unterricht in irgendeiner freien Lernphase bearbeitet wird, ist das kein anderes Lernen, sondern nur eine andere äußere Form von Lernen. Werden hingegen offene Aufgabenformate (Kann man internationalen Terrorismus besiegen?) gestellt, so müssen Schüler davor hinreichend fachmethodische und lernmethodische Kompetenzen erworben haben, um diese bearbeiten zu können: Fachtexte und Quellen analysieren und dekonstruieren; den Sinn von Verfassungs- und Rechtsnormen kennen, verstehen und auf die Problemstellung übertragen; grundsätzliche politische Ausrichtungen von Gesellschaftspolitik kennen und berücksichtigen; im Denken zwischen politischen, rechtlichen, gesellschaftlichen, ethischen, religiösen Ebenen wechseln und diese aufeinander beziehen. Wenn zuvor dargelegt wurde, dass Schüler solche Kompetenzen erwerben, indem sie sie anwenden (wie beim Autofahren: Man lernt es, wenn man fährt), dann ist das in jeder äußeren Form von Lernen möglich. Aber man braucht dazu das Gespräch. Unabdingbar. Bei der Bearbeitung von Arbeitsblättern, auf denen es um die Klassifikation von Wissensbeständen geht, können solche Denkstrukturen nicht erworben und ausgeprägt werden. Es ist zwar möglich, dass Schüler untereinander diskutieren, aber für eine Entwicklung dieser Kompetenzen braucht es eine fachlich ausgebildete Person, die die o.a. Denkstrukturen mit dem Gesprächsverlauf verbindet, sodass sie verinnerlicht werden können, während sie produktiv entstehen. Von alleine entsteht diese Verbindung kaum. Woher sollen Schüler denn Strukturen fachlicher Denkprozesse kennen, wenn sie sie nicht im Gespräch mit Lehrerpersönlichkeiten erfahren und verinnerlichen? Die Lehrkraft kann natürlich auf dem Arbeitsblatt darauf hinweisen, dass die Schüler die Vor- und Nachteile der Energiewende aus Sicht eines Hartz IV-Empfängers, eines Familienunternehmers, eines Energiekonzernchefs und eines Politikers der Linken betrachten sollen. Aber selbst dann täuscht das die Abgeschlossenheit von Erkenntnis vor. Denn vielleicht kennen manche Schüler noch fünf weitere Perspektiven, die wichtig sind, weil sie die anderen Argumente in ein anderes Licht rücken. Und sie würden sicher nicht annähernd auf eine Variation und Breite der Argumente kommen, die in einer Diskussionsgruppe entstünde. Hinzu kommt, dass sie gesetzliche Bestimmungen für Energieunternehmen und Hartz IV-Bezieher kennen müssten, um angemessen und nicht aus einem Gerechtigkeitsgefühl heraus zu argumentieren.

Der Sinn von Lernen besteht darin, dass Erfahrungen, aus denen heraus Schüler an fachliche Frage- und Problemstellungen herangehen, im Lernprozess in eine breitere, rationalere, vernünftigere Reflexionsstruktur einfließen oder mit einer solchen synthetisiert werden. Auch dazu braucht man das Gespräch. Unabdingbar. Und man braucht dazu die Ausdauer in der gedanklichen Auseinandersetzung; man muss etwas beherrschen, das in dem Tumult der Zerrissenheit zwischen verschiedensten Lernaufgaben, den „freie Arbeitsphasen" erzeugen, noch mehr aufgeweicht werden wird, als wir es bereits jetzt alle beklagen: Die Fokussierung der eigenen Konzentration. Sonst funktioniert Schule wie Facebook – als Prostitution der eigenen

Verkleidung und als Voyerismus gegenüber den Verkleidungen anderer.

Solche offenen Lernphasen mögen für die Durchführung von physikalischen Versuchen oder für echtes Projektlernen geeignet sein. Sie stellen aber keine qualitative Verbesserung, sondern eine Gefahr für die Lernkultur in geisteswissenschaftlichen Fächern dar. Eine Fragmentierung des sozialen und gedanklichen Lernprozesses bedeutet den Niedergang des kulturwissenschaftlichen Denkens in der Schule, das ohnehin seit Jahren zu Gunsten der Naturwissenschaften benachteiligt wird, weil Deutschland Ingenieure und Meister, aber keine Soziologen braucht. Hinzu kommt: Wer selber denkt, macht sich in den Betrieben verdächtig. Nicht ohne Grund veranstaltet z.B. Audi für seine neuen Azubis eine mehrtägige Klausur in der Pampa. Dort geht es um Corporate Identity, also um das Besetzen der Azubigehirne mit dem Unternehmensgeist. Auch das untermauert die Vermutung, dass es in deutschen Schulen nicht um Bildung geht. Sondern um Ausbildungsreife. Verdächtig müsste es nicht nur Eltern, sondern auch Lehrern bereits vorkommen, dass in solchen „Häusern des Lernens" (Maßlose bezeichnen sie auch als „Treibhäuser der Zukunft"), wie die auf diese Art „modernisierten" Schulen sich dann nennen, „Selbstständigkeit" von Schülern *veranstaltet* wird. Anscheinend stört diese Paradoxie aber niemanden. Im Denken vieler Bürger ist sie mit „Modernität" konnotiert; für viele junge Lehrkräfte ist es unmöglich, sich gegen die eigene Sozialisation zu stellen. Die anderen Lehrer, die sich selbst in diesen Systemzwängen erleben, können nur noch intellektuell aussteigen, aber nicht mehr auf der Handlungsebene. Dann würden sie als „rückständig" wahrgenommen. Die „moderne" Schule hat auch eine Corporate Identity. Diese besteht in schematisierten sozialen Floskeln wie „längerem gemeinsamen Lernen", die sich in Personalität kleiden. Das macht die Sache unheimlich und unerträglich. Man weiß nie, mit wem man spricht - einer Person oder einer Marionette? So wirkt die Schule mit ihren Etiketten des „individualisierten" und des „längeren gemeinsamen" Lernens an der Entstehung einer Gesellschaft mit, in der schizophrene Personen als das Maß aller Dinge gelten.

Diese Formungspraktik entfernt sie von ihrem humanistischen Bildungsauftrag. Er bestünde in dem Ziel, dass aus einem kleinen Menschen „eine Person" wird, und nicht ein Wesen, das in verschiedenste Marionettenkleider schlüpfen kann.

5.   Hysterie statt Gelassenheit

a)   „Das Recht auf garantierten Erfolg macht Bildung gerechter"

Die Agenda 2010, die die Regierung Schröder der Bevölkerung mit der Schreckensprognose einer wirtschaftlichen Apokalypse verkauft hat, führte zu Lohndumping und schleichender Enteignung des bürgerlichen Mittelstands. Jeder siebte Arbeitnehmer ist inzwischen im Niedriglohnsektor beschäftigt. Die Unternehmen erwirtschaften derweil Rekordgewinne. Amrai Cohen und Thomas Fischermann haben die Ausnutzung von Arbeitskräften, die stets mit der Angst vor dem drohenden Ende des deutschen Wohlstands begründet wird, in ihrem Beitrag in der ZEIT - „Bespaßt und gequält. Wie deutsche Unternehmen ihren Beschäftigten eintrichtern: Selbstausbeutung macht Spaß!" - aufgegriffen.[30] Sie berichten von gemeinsamem Zelten der Belegschaften in Mecklenburger Wäldern, Fischefangen in Alpenbächen und Klettern in Hochseilgärten, von Gesprächen, die die Arbeitnehmer danach mit Personalexperten und

Psychologen führten, um über die „richtigen" Lehren für ihre Arbeit zu sprechen.[31] Die Entgleisung des Arbeitgeber-Arbeitnehmer-Verhältnisses ist zu einer Krake mutiert. In ihren Armen verwandeln sich „Privatsphäre" oder „Mündigkeit" zu Wertbegriffen, die in der Dialektik „Motivation und Macht" und „Bedürfnis und Zwang" zerrieben werden. Firmen wollen den *ganzen* Menschen. Nicht nur seine Arbeitskraft, sondern seine Gesinnung, seine Lebenseinstellung, seine Lebensplanung sind zu einem Teil kalkulatorischer Berechnungsspiele geworden. „Einsatz, Hingebung, Opferbereitschaft", sagen die Autoren, seien die Tugendschlager der neuen Arbeitswelt.[32] Es ist ein merkwürdiger Zusammenhang entstanden zwischen politischen Entscheidungen, die mit der fast irrationalen Angst vor dem wirtschaftlichen Untergang ihr Spiel spielen, den Unternehmen, die darauf ihr Süppchen kochen und Rekordgewinne erzielen und den Arbeitnehmern, die irgendwann daran glauben, dass Selbstausbeutung tugendhaft sei und sich stillschweigend ihrem Leiden in Ausbeuterjobs ergeben. Ganze Unternehmenskonzepte, z.B. im Paketdienstbereich, bauen auf dieses

Räderwerk. Begleitet wird das Konzert vom IFO-Institut, dem DAX, den Rating-Agenturen, dem Wirtschaftsklimaindex. Ich kann mich nicht erinnern, dass in den 1980er Jahren Rekordzahlen einer boomenden Wirtschaftskonjunktur am einen und bereits am anderen Tag mögliche Apokalypsen verkündet wurden. Die Arbeitswelt treibt ein doppelzüngiges Spiel mit uns. Sie illusioniert ihre Angestellten, die sich in dem tugendhaften Sozialgefüge einer Gruppe von Kollegen angenommen fühlen (Teamarbeiter), während sie sie zugleich in ein tayloristisches System berechneter Effizienzabläufe presst (Rationalisierung). Hysterie ist hier kein einfach nur beiläufig entstehendes Phänomen, sondern Werkzeug dieser Schizophrenen-Produktion. Hysterie schafft Zukunftsangst, und wer Angst vor dem Verlust seines Arbeitsplatzes hat, der spurt und zahlt auch gerne mal die Zeche der Managementfehler, um ein bisschen besser schlafen zu können. Darin besteht die Abrichtung einer ganzen Generation von Arbeitnehmern.

Das ist im Bildungssystem nicht anders. Greifen wir zuerst einmal die im letzten Jahrzehnt grassierende „Testeritis" auf. Die Tests heißen VERA (für Grundschulkinder) oder PISA (für 15jährige Schülerinnen und Schüler) und belegen regelmäßig das Mittelmaß Deutschlands im OECD-Vergleich, wenn es z.B. um Lesekompetenz oder mathematisches Verständnis geht. Getestet wird, ob standardisierte Lernkompetenzen zu einer festgelegten Zeit im Schullebenslauf von Kindern/Jugendlichen erworben worden sind. Es wird nicht getestet, ob die Schüler sich gebildet haben, weil es unmöglich ist festzulegen, was einen gebildeten Menschen ausmacht. Das können wahrscheinlich nur Robert Spaemann[33] und die Kompetenzraster, die momentan allerorten das Schulleben prägen. Vielleicht ist es u.a. die Fähigkeit, gute Fragen zu stellen und Dingen auf den Grund zu gehen. Das aber lässt sich nicht für einen zeitlich begrenzten Test operationalisieren. Es wird nicht rekonstruiert, welche – individuell gesehen – Sinnproduktionen (Denk-, Entwicklungs-, Kognitionsprozesse) Schüler durchlaufen haben. Getestet wird, was messbar ist. Dem wird dann Sinnhaftigkeit unterstellt. Dann liegen die Zahlen auf dem Tisch und plötzlich werden alle möglichen Fässer aufgemacht. Die Geburtsstunde der Hysterie. Sie drückt sich aus im Lied von zu wenigen Abiturienten in deutschen Gymnasien, im Lied von der fehlenden Chancengerechtigkeit bei unterschiedlicher sozialer Herkunft, im Lied von der Rückständigkeit der Lehr- und Lernformen in deutschen Schulen, im Lied vom verloren gegangenen Anschluss an internationale Standards, wenn nicht jeder Schüler einen Tablet-PC nutzen kann. Die deutsche Schule sortiere Menschen aus. Sie versage jämmerlich in ihrem gesellschaftlichen Auftrag, Menschen aller Schichten einen Aufstieg durch Bildung zu ermöglichen.

Diese Hysterie ist unbegründet. Erstens testen Tests immer auch sich selbst. Sie testen, wie gut sie das, was sie testen möchten, testen. Der Konstruktivist Heinz von Foerster hat das in seinen Gesprächen mit dem Journalisten und Professor für Medienwissenschaft an der Universität Tübingen, Bernhard Pörksen, an einem Beispiel erklärt: Vor einem Vorhang sitzen gelehrte Männer, mit Zwickern, Bärten und weißen Haaren. Hinter dem Vorhang befindet sich eine nicht näher beschreibbare Entität, eine Maschine, ein Mensch, man weiß es nicht. Die Männer dürfen dem Etwas nun kluge Fragen stellen, um seine Intelligenz zu testen. Aber eigentlich testen sie nicht, ob und wie intelligent das Etwas ist, sondern sie testen, ob sie selbst einen Menschen von einer Maschine unterschieden können. Die Tester testen sich selbst.[34] Andere Tests kommen zu anderen Ergebnissen. Zum Beispiel sagt das Auszählen der Abiturientenzahl nichts über das Niveau eines Bildungssystems aus, und die Zahl der Schüler mit Migrationshintergrund in einer Schulart sagt nichts über Erfolg oder Misserfolg von Integration. Die bloße Tatsache, dass jemand einen Migrationshintergrund hat, ist ja schließlich keine Festlegung seiner Intelligenz. Es ist auch keine Festlegung, ob und wie er in der Gesellschaft angekommen ist. Dass aber mittlerweile fast die Hälfte der baden-württembergischen Abiturienten einst Realschüler waren, die danach „aufgestiegen" sind, zeigt ganz deutlich die Durchlässigkeit des Schulsystems. Wer aufsteigen will, kann das auch schaffen. Mit Fleiß und Anstrengungswillen. Die deutsche Schule produziert keine Bildungsversager. Wir haben keine nennenswerte Jugendarbeitslosigkeit, während sie in dem für sein „soziales" Bildungssystem gelobten Finnland um 20% liegt. Die Quote der Jugendlichen ohne Schulabschluss liegt bei uns unter zehn Prozent, wovon andere europäische Länder nur träumen können. Die Bildungsapokalypse ist das Gespenst einer medial überzeichneten Empörungskultur: Es gilt nicht „berichtet, weil wichtig", sondern „wichtig, weil berichtet". Dass Schüler mit 15 Jahren nicht richtig lesen können, muss nachdenklich machen, und selbstverständlich hat das etwas damit zu tun, wie frühkindliche Bildung familiär und außerfamiliär abläuft, ob verwahrt oder gefördert wird. Man weiß z.B. seit den Untersuchungen von Boueke et.al., dass Kinder mit neun Jahren bereits das „Geschichtenschema" haben, d.h. ihre Erzählstrukturen gleichen denen von Erwachsenen.[35] Danach entwickelt sich Sprache über den Umfang des Vokabulars, weniger über die Veränderung der semantischen Strukturen. Daran, wie die weiterführenden Schulen Lernen organisieren, kann es also kaum liegen, dass 15jährige nicht lesen können. Liegt es nicht vielmehr an der gesellschaftlichen Geringschätzung von Lernen im Speziellen und Schule im Allgemeinen? Wird in das Feuer dieser Geringschätzung nicht andauernd Öl gegossen von Leuten (Precht?), die sich als Bildungsexperten hervortun und die „Langeweile" schulischen Lernens beklagen?

Meine Erfahrungen lehren mich etwas anderes als die Geschichte von „Bildungsverlierern": Viele meiner ehemaligen Realschüler, die heute Medizin, politische Ökonomie oder Germanistik studieren, kommen aus keinen privilegierten Familien. Ihre Eltern sind Handwerker, Fensterputzer, Abschleppwagenfahrer oder Bäckereifachverkäuferinnen. Unter ihnen befinden sich etliche, die aus allen möglichen Ländern dieser Welt gekommen sind. Wichtig für Bildungsaufstieg ist der Wille, sich bilden und dadurch aufsteigen zu wollen, nicht das Schattenkabinett der offenen Unterrichtsformen, die nur Simulation sozialer Chancengerechtigkeit sind. Die deutsche Bildungsdiskussion nach PISA[36] lebt von dem Trugbild, „Selbstverantwortung" in offenen Lernformen veranstalten zu können. Die „Weltverbesserer" erfinden Kausalitätszuschreibungen, z.B. zwischen Lernform und Lernerfolg, die Grundlage ihrer Forderung nach einer „neuen

Schule" werden, obwohl es keine wissenschaftliche Untersuchung gibt, die diese Zusammenhänge belegt. Heißt Selbstverantwortung nicht auch, die Konsequenzen dafür zu tragen, wenn ich aus Faulheit oder mangelndem Engagement gescheitert bin? Im kanadischen Schulsystem, das in dieser Diskussion allpräsent als Leuchtturm überhöht wird, bekommt jeder Schüler, der einen bestimmten Level nicht erreicht, einen individuellen Förderplan. Wenn er nach einem Jahr Förderung den Level noch immer nicht erreicht hat, muss er die Schule verlassen. Das ist konsequent. In Deutschland würde er „zu Tode gefördert". Es gibt keinerlei Konsequenz für Faulheit oder fehlende Selbstverantwortung, weil „die Gesellschaft", „die veraltete Schule" oder „die prekäre Familiensituation" oder „schlechte Lehrer" dafür herhalten müssen. Selbstverantwortung ist nur eine Maske der Vulgärpsychologie und der Vorurteile gegenüber „Leistungsbereitschaft". Dass das Lernen in den neuen Lernformen Spaß und Selbstverantwortung gleichzeitig verheißt, wo es „echte Selbstverantwortung" einer Person für den eigenen Lebensentwurf (das „Ganze" der eigenen Entwicklung kennen) aus deren Erfahrungshorizont ausblendet, funktioniert wie das „Bespaßen und Quälen" der Arbeitnehmer durch „Teamillusion" und „Selbstausbeutung". Anfangs verkauft man diesen Menschen, dass es um ihr Wohlbefinden geht und man sich für ihre Persönlichkeit interessiert, aber eigentlich sollen sie funktionieren, damit eine höhere Marge oder eben eine Gesellschaftsvision von vielen Abiturienten Realität werden kann. Hysterie („Das Ende der Bildung?") und Phraseologie („soziale Gerechtigkeit", „Selbstverantwortung") werden zu Techniken, die Grundannahmen zu Bestandsanalysen emporheben. Methode als Wahrheit, die keine Referenzwerte mehr aufzuweisen hat. Es entbehrt nicht einer gewissen Tragikomik, dass das Vorgehen der „Weltverbesserer" strukturell der kapitalistischen Ausbeutungsmaschinerie gleicht, die sie ja mit dem Ziel der sozialen Gerechtigkeit überwinden möchten. Der Autor Tom Hodgkinson meint, dass wir für Geld und Karriere unsere Seele verkaufen. Wir sollen Arbeit und Leben anders organisieren.[37] Während es in unseren Schulen bereits jetzt nicht mehr um Bildung, sondern um Ausbildungsreife geht und dem

„Bespaßen und Quälen" zugearbeitet wird, nutzen diejenigen „Reformer", die dem Kapitalismus mit ihrem Luftschloss einer sozial gerechten Gesellschaft entgegentreten, ebenfalls Werkzeuge, die diesem innewohnen. Das ist der Text des Unbewussten, den der aktuelle Bildungsdiskurs schreibt.

b) „Lehrpersonen sind ‚Manager der Pädagogikfirma'"

Wo Bildungsapokalypse und wirtschaftlicher Untergang zwei Schreckgespenster sind, deren Lebenselixier die Hysterie ist, fungieren die Lehrkräfte als Schattenwände der Meta-Erzählung von Emanzipation und Fortschritt. Sie sind es, die sich für die „gerechtere Gesellschaft" aufopfern sollen. „Schulentwicklung" ist mittlerweile ein Teil der Arbeitsplatzbeschreibung geworden. Konkret heißt das, sich nach dem Unterricht in endlos andauernden Sitzungen einzubringen. Wer sich lieber um seinen Unterricht kümmert, macht sich moralisch verdächtig: Bist Du etwa nicht für mehr Bildungsgerechtigkeit? Für soziale Chancengleichheit? Für mehr Bildungsqualität? Für eine gute Zukunft

Deutschlands? Für eine angenehme Lernumgebung? Du willst doch nicht, dass unsere Schule nicht mehr mithalten kann mit den modernen Entwicklungen und so ihren Ruf verliert! Wieso kümmerst Du Dich um DEINEN Unterricht, wo es hier doch um UNSERE Zukunft geht? Diese Sitzungen finden überwiegend in der Freizeit der Lehrkräfte statt, nicht selten bis 18 oder 20 Uhr. Sie sind ebenso unbezahlt wie Elternsprechabende oder nächtliches Korrigieren, das notwendig wird, weil ansonsten keine Zeit bleibt. Abschlussfahrten werden nur noch genehmigt, wenn die Lehrkraft teilweise oder ganz auf Reisekostenerstattung verzichtet. Das ganze System lebt vom Idealismus seiner Arbeitskräfte. Neuerding betonen Bildungspolitiker gerne öffentlich, wie wichtig die Bildungsarbeit in den Schulen sei, während sie ihren Lehrkräften gleichzeitig das im Vergleich zu den Verdiensten anderer Akademiker ohnehin nicht übermäßige Gehalt zusammenstreichen. Eine Studie hat ergeben, dass Beamte in Baden-Württemberg, dazu gehören die meisten Lehrkräfte, in den letzten zwanzig Jahren über 21% Reallohnverlust hinnehmen mussten, obwohl ihre Arbeitsdichte und ihr Aufgabenfeld enorm gewachsen sind.[38] Das lässt sich an mehreren Beispielen belegen: Eine Lehrkraft, die an einem Referendar-Seminar zukünftige Lehrer ausbildet, erhält für ihre anspruchsvolle Arbeit ca. 38 Euro im Monat brutto zusätzlich. Dafür fährt sie tausende von Kilometern mit ihrem Privatwagen zu Unterrichtsbesuchen, ohne auch nur annähernd eine kostendeckende Rückerstattung zu bekommen. Die Höhe der Zulage hat sich in zehn Jahren nicht verändert. Ich habe von Schulentwicklungsbegleitern – in der Wirtschaft nennt man sie Organisationsentwicklungsexperten – erfahren, dass sie für ihre Arbeit noch nicht einmal ein Büro gestellt bekommen und ebenfalls auf Privatkosten Dienstreisen unternehmen müssen. Lehrkräfte, die Vollzeit arbeiten, haben nach Untersuchungen von Joachim Bauer eine durchschnittliche Wochenarbeitszeit von ca. 51 Stunden; die Ferien sind bereits eingerechnet, sonst wären es schnell über 60 Stunden.[39] Die Regelarbeitszeit von Beamten in Baden-Württemberg beträgt 41 Stunden. Sie leisten also jede Woche 12 unbezahlte Überstunden. Rechnet man das auf ein Arbeitsleben hoch, so ergibt sich, dass eine in Vollzeit arbeitende Lehrkraft mehrere Jahre (zwischen 5 und 8 Jahren) unentgeltlich für den Staat arbeitet. Das Expertentum von Lehrkräften als freiwillige soziale Jahre. Selbstausbeutung als Tugend. Genau wie in der Wirtschaft. Ich weiß von Physikern, die aus der Wirtschaft als Quereinsteiger in den Schuldienst wechseln wollten und nach nicht einmal einem Jahr wieder aufhörten. Begründung: Ich arbeite doch nicht die doppelte Zeit für die Hälfte an Geld. Also: Schlimmer als in der Wirtschaft.

Die Postmoderne löst die Meta-Erzählung von Emanzipation und Fortschritt nicht auf. Sie überträgt stattdessen die moralische Verantwortung für eine bessere Gesellschaft auf die einzelne Lehrkraft (so wie bei dem Baumarktunternehmen „Praktiker", dessen Angestellte auf einen Teil ihres Gehalts verzichten, um das Unternehmen zu retten). Deren Idealismus wird nicht gekauft, sondern für diesen Job vorausgesetzt: „Sie sind doch nicht wegen des Geldes Lehrer geworden!" Die kostenfreie Prostitution des eigenen Idealismus wird von den Lehrkräften erwartet, damit schulische Reformvorhaben „gelingen". Aber Indikator für „Gelingen" ist nicht, ob die Schüler „gebildeter" werden, sondern ob die Zeitung, die Medien, über das „innovative Projekt" berichten. Dass diese „Projekte" mit dem privaten Geld der Lehrkräfte finanziert werden, erfährt die Öffentlichkeit nicht. „Wichtig, weil berichtet", nicht „berichtet, weil wichtig". Bespaßt werden Lehrkräfte dagegen nicht. Man geht davon aus, dass ihr Idealismus dafür sorgt, dass sie sich Spaß einreden, sobald sie Kinder unterrichten. Meistens macht das auch Spaß. Der Spaß ist aber nur dann verantwortbar, wenn man es ernst nimmt und die pädagogischen Bildungs-Ziele nicht aus dem Auge verliert. Jeder, der unterrichtet, weiß, dass das anstrengend ist, weshalb man den abendlichen Arbeitsgruppen eigentlich fernbleiben will. Bist Du etwa nicht für mehr Bildungsgerechtigkeit? Für soziale Chancengleichheit? Für mehr Bildungsqualität? Für eine gute Zukunft Deutschlands? Für eine angenehme Lernumgebung? Du willst doch nicht, dass unsere Schule nicht mehr mithalten kann mit den modernen Entwicklungen und so ihren Ruf verliert! Wieso kümmerst Du Dich um DEINEN Unterricht, wo es hier doch um UNSERE Zukunft geht? Lehrkräfte müssen nicht auf Bespaßungs-Veranstaltungen für das „Team" geschickt werden. Es genügt, ihnen einfach einen Bewertungsbegriff für ihre Arbeit unter die Nase zu halten, der in pädagogischen Berufen nur schwierig definiert werden und deshalb beliebig ausgelegt werden kann: Professionalität. Dieser Katechismus verwandelt die Arbeitstugenden in Tugendarbeit.

So arbeitet eine Allianz aus „Reformpädagogik-Reloadern", Kultusbürokratie und Politik unabdingbar an einem lehrenden und Schulprozesse gestaltenden Perpetuum mobile. Die Apokalypse erfordere es, dass alle zusammenstehen. Hier wären ein paar Grundregeln der sozialen Marktwirtschaft angebracht: Arbeit, die einem Arbeitgeber keinen Cent wert ist, ist ihm auch nichts wert. Lehrkräfte sind selbstverantwortlich Lehrende. Es macht keinen Sinn, ihnen mit der moralischen Keule als Arbeitsantriebsknüppel die Verantwortung für Managementaufgaben einzuprügeln, für die sie gar nicht bezahlt werden. Sie sind dafür da, dass – wie bereits mehrfach erwähnt – Menschen zu

Menschen werden, und nicht zu Funktionären. Wenn sie selbst Funktionäre werden, können sie ihre Aufgabe nicht mehr so wahrnehmen, dass sie verantwortbar bleibt. Tritt das ein, kommen die „Reformer" und legen den Finger in die Wunde des schlechten Gewissens. Aus diesen Sprossen ist das Hamsterrad gemacht, zu dem die Schule geworden ist. Seine Antriebstechnik kann man sich in Lohndumping-Unternehmen anschauen. Aber nie besonders lange. Die Halbwertszeit dieser Unternehmen ist nicht besonders groß.

c) „Chancengerechtigkeit ist ein Maß für Lernen und Studieren"

Der dritte Aspekt von Hysterie betrifft die Eltern und die Schüler. Schon bei einem Klassenarbeitsdurchschnitt von 3,2 (3,5 ist die Mitte zwischen 1 und 6!) geraten die Lehrkräfte zu Hassobjekten in Elternstammtischrunden, in denen sich die Angst der Mittelschicht vor dem Abstieg ausdrückt. Grotesk ist: Die Bildungspolitik der „Modernisierer" verheißt Befreiung von Leistungsdruck, von der Diskriminierung sozial benachteiligter Kinder und sie verspricht „humanere Bildung". Im konkreten Alltag der Familien wird der Druck, dass das Kind kein Abitur schafft, unterdessen immer größer. Diesen Druck geben die Kinder und die Eltern unmittelbar an die Lehrkräfte weiter. Deshalb führen herausfordernde Aufgabenstellungen in Lernprozessen immer zu Schüler- und Elternbeschwerden über die Lehrkraft. Wenn eine Lehrkraft diesem Druck nicht standhält, beginnt sie, das Niveau herunterzufahren, damit endlich Ruhe einkehrt. Das heißt, sie übernimmt selbst das Postulat der Schulaufsicht und formuliert es als ihren eigenen Auftrag. „Abi für alle, Bildung für niemanden". Ruhe als Qualitätsbegriff.

Zwei Beispiele sollen verdeutlichen, was das bedeutet. Regelmäßig behaupten Schüler, dass der Mathematiklehrer ihnen den Sachverhalt nicht erklären könne. Nehmen wir das Thema Potenzterme, das bereits oben eine Rolle spielte. Der Lehrer erkläre ihnen einfach nicht, wie sie ein Binom in einem Potenzterm erkennen können. Die Schüler fordern von der Lehrkraft, dass sie ihnen alles so erklärt, dass sie es sofort verstehen, in

Häppchen, die keine Schluckbeschwerden bereiten. Hierbei existiert allerdings ein anderes Problem: Die Lehrkraft kann Schülern erklären, was ein Binom ist, wie es aufgebaut ist und nach welchen Regeln es „ausgerechnet" werden kann. Sie kann aber niemandem erklären, wie er ein Binom in einem mathematischen Zusammenhang erkennt. Das ist eine Konstruktionsleistung der individuellen Wahrnehmung. Es geht darum, Muster in Zusammenhängen wiederzuerkennen. Man kann einem Kleinkind z.B. erklären, wie ein Ball aussieht. Man kann ihm aber nicht erklären, wie es den Ball auf dem Bild in einem Kinderbuch erkennt. Die Schüler fordern etwas von der Lehrkraft, was diese gar nicht leisten kann. Sie fordern von ihr, dass sie dafür sorgt, dass die eigene Wahrnehmung funktioniert. Das ist eine ziemlich entgleiste Vorstellung von Lernen, entstanden aus Angst vor dem Herausfallen aus dem Bildungskollektiv und der „gerechten Gesellschaft". Die Schüler fordern ihre eigene Unmündigkeit ein, und wenn die Lehrkraft nicht für die Unmündigkeit sorgt, so wird behauptet, sie beherrsche ihren Job nicht. In diesem Kreislauf führt die geplante Humanität zu Hysterie unter Schülern und Eltern und diese direkt zur Abschaffung der „Selbstverantwortung", die ja eigentlich der Leitfaden der „Reformen" sein sollte. Sogenannte „Helikopter-Eltern" setzen ihre Kinder und die Lehrkräfte entgegen ihren guten Absichten unter einen Druck, der direkt auf das Bildungsniveau durchdrückt.

Das zweite Beispiel betrifft Texte. Eltern fragen im Elternabend, ob man die „schwierigen Begriffe" nicht weglassen könne aus dem Stern- oder dem Spiegel-Artikel oder – was besonders absurd ist – aus der historischen Quelle. Soll man sie etwa rausschneiden? Hier hat sich ein Verständnis von Lernen verbreitet, durch das der Lernbegriff pervertiert wird: Es geht nur noch darum, die Sache auf das Kind zurechtzuschneiden, sodass Anstrengung, die jedem Verständnisprozess innewohnt, nicht mehr notwendig ist. Die Philosophin Jeanne Hersch beschreibt in ihren Essays, dass sich die Persönlichkeit von Menschen nicht entwickelt, indem sie sich selbst als Zweck anbetet, sondern gerade, indem sie vieles lernt und übt, was gar nicht direkt auf sie bezogen ist: „Abgesehen davon, was gelernt oder geübt wird, kann schon Üben und Lernen stets zur Entwicklung des Selbst beitragen."[40] Behindert würde die Selbstentwicklung nur dann, wenn eine Automatisierung des Verfahrens eintritt. Hysterie und Hermeneutik sind keine zwei Seiten derselben Medaille, sondern einander spinnefeind. Das Verstehen eines Textes erfordert das Hinzuziehen anderer Lektüre, Recherche in Lexika und Nachdenken über den Sinn, den die spezifische Verwendung der Wörter entfacht. Es ist ein Sich-Hineinbegeben in den gedanklichen Kosmos des Textes, den es mit der eigenen Erfahrung zu verbinden gilt. Johann Gustav Droysen hat dies z.B. für das historische Denken in dem Satz „Unsere Aufgabe sei es, forschend zu verstehen" zusammengefasst.[41] Wenn Eltern beklagen, sie selbst hätten einen Text dreimal durchlesen müssen, bis sie ihn verstanden haben, um damit zu zeigen, dass er für die Kinder zu schwierig sei, dann muss die Lehrkraft antworten: Genau das ist Lernen. Lernen heißt *sich auseinandersetzen mit dem Sinn eines Textes*, bis daraus eine Bedeutung für den Lernenden gerinnt. Es ist, als wenn man in ein fremdes Land kommt und nichts versteht. Aber allmählich spürt man die Kultur, die Mentalität, die Sprache. Das Fremde wird zu einem Teil der eigenen Persönlichkeit, wenn man es einatmet. Hierbei sei die herkömmliche Schule, sagt Jeanne Hersch, zu wichtig, um preisgegeben zu werden[42], weil der Lernende im Selbstorganisierten Lernen die Begegnung mit dem Fremden, die Alteritätserfahrung, gewöhnlich vermeidet.

Der Vorsitzende des Lehrerverbandes, Josef Kraus, beklagt, dass ein Duo von Helikopter-Eltern und „Schulmodernisierern" eine unmündige Generation heranziehe.[43] Es ist aber klar, dass die Degeneration der Mündigkeit in der herkömmlichen Schule eher aufgefangen werden kann als in den „Treibhäusern der Zukunft", in denen die Qualität von Lernen fragwürdig bleibt. Nicht dass das Lernen „human" organisiert wird, ist die wichtigste Erkenntnis der Schulgeschichte, sondern „... dass Leben ohne ständiges Lernen kein menschenwürdiges Leben" sein kann.[44] Und das heißt, dass Lernen auch *zugemutet* werden muss, damit der Mensch, der das noch nicht einsieht, sich zum Menschen entwickeln kann.[45] Die Hysterie, die entfacht wird, wenn eine erwünschte Note außer Reichweite gerät, ist der Tod der humanistischen Bildung. Am Ende bewirken die „Reformpädagogik-Reloader" kein menschlicheres Lernen, sondern eine anstrengungslose Beschäftigung mit bedeutungslosen Bildungspartikeln. Eine *éducation permanente*, eine ständige Weiterbildung, wird utopisch, wenn die Lernenden schon danach trachten, die einfachsten Verständniszusammenhänge so erklärt zu bekommen, dass sie diese ohne Schluckbeschwerden übernehmen und ohne Verdauungsbeschwerden wieder ausscheiden können. Der lernende Mensch als Durchlauferhitzer. Dieses Bild löst die Vorstellung vom Kind als Aktenordner ab. So reinkarniert sich das „Bulimie-Lernen" in einer ästhetischeren Gestalt, anstatt dass es überwunden wird vom Bild des „Gebildet-Werdens durch das „sich bilden".

Neben dem Verlust der Bedeutung von „Lernen" wird auch kräftig an der Zersetzung von „Studieren" gearbeitet. Kürzlich beschwerte sich eine Studentin im Rahmen eines Seminars zur Französischen Revolution, dass in der Quelle - einem Bericht eines Kommissars über die Gefangensetzung der Königsfamilie im Turm – so viele Begriffe und Namen vorkommen würden, die ihr niemand erklärt hätte. Dass „Studieren" bedeutet, Dingen selbstständig nachzugehen, die einem unklar sind, darauf kam diese Studentin nicht. Der Begriff „Bibliotheksarbeit" lag außerhalb ihres Erfahrungshorizonts. Sie forderte vom Dozenten, dass er ihr diese Dinge erklärt und ihr das Denken abnimmt, und sie ist damit kein Einzelfall. Wenn man Studierenden aufträgt, einen Text von Fichte über die Revolution zu lesen und die Aufgabe stellt, die wesentlichen Textaussagen als Thesen zu formulieren, dann fehlt in der nächsten Sitzung die Hälfte der Studierenden. Fichte ist zu anstrengend. Es sind dieselben Leute, die als Lehrkräfte später „Striche" eintragen, wenn ihre Schüler die Hausaufgabe nicht haben. Solche Studenten werden als Lehrer nicht in der Lage sein, mit ihren Schülern zusammen „Lernen" zu leben.

Man kann den Eltern, Studenten und Schülern ihre Verklärung nicht vorwerfen. Sie werden in einer Empörungskultur sozialisiert, in der der Gleichberechtigungswahn Menschen überfällt, die empirisch in jeder Hinsicht ungleich sind. Zum Beispiel kann man sich maßlos darüber aufregen, dass der Index, der eine statistische Aussage über die Gleichstellung der Geschlechter macht, in Deutschland niedriger ist als in Nicaragua.[46] Das sagt aber noch gar nichts aus über die Motive und Notwendigkeiten, die hinter einer Lebensplanung und -führung von Frauen und Männern in den beiden Ländern stecken, und auch nichts über die Qualität einer Wertschätzungskultur. Niemand wird behaupten, dass in Deutschland nur deshalb 154 familienpolitische Leistungen bestehen, um Frauen vom Arbeitsmarkt fernzuhalten. Das Gegenteil ist doch der Fall. Für die Schule kann das aber nicht bedeuten, dass sie solche gesellschaftlichen Probleme auflösen soll. „Das Kind selbst ist der Zweck der Schule", sagt Jeanne Hersch.[47] Doch das Denken der Schul-Betroffenen hat sich verkehrt: Es geht ihnen nicht um Bildung oder Lernen, wenn sie sich beschweren, sondern darum, dass die Lehrkraft ihr Recht auf Chancengleichheit umsetzt. Schule wird ausschließlich als gesellschaftliche Sozialisationsinstanz betrachtet, die Lebenschancen zuteilt, auf die jeder ein Recht hat. Die Betroffenen übernehmen das formale Denken der „Bildungsreformer" und entkernen dadurch den Lernbegriff. Deshalb ist die Hysterie die Feindin der Hermeneutik – weil es um die Durchsetzung von Rechten geht, und nicht um die Entfaltung des Einzelnen.

d) „Die Idee der ‚Kompetenzen' heilt Bildungskrankheiten"

Ein weiteres Beispiel für die Hysterie im Bildungsbereich ist die inflationäre Verwendung der „Kompetenz-Idee". Sie durchzieht inzwischen alle Bereiche der Schule als Heilsbegriff: „Kompetenzraster" sollen die Noten ersetzen, „kompetenzorientierter Unterricht" soll das individualisierte Lernen ermöglichen. Allerdings ist das Messen von Kompetenzen ein Problem, weil sie ja eigentlich den individuellen Umgang eines Schülers mit einem fachlichen Sachverhalt ermöglichen und überindividuell beschreiben. Das heißt, sie sind unumgänglich an die Persönlichkeit und ihre Erfahrungen geknüpft. Wenn Schüler sich in sogenannten „Assessment-Centern" beobachten und diagnostizieren lassen sollen (Pro-

fil AC, 8. Klasse Realschule Baden-Württemberg)
wie Affen in einem Forschungsgehege und sich
hinterher sagen lassen müssen, in welchen „Kompetenzen" sie noch nicht gut genug sind, dann
bricht sich darin ein seltsamer Überprüfungsfetisch
Bahn. Offensichtlich wird das Abprüfen von Wissensbeständen durch eine Kontrolle ersetzt, ob
jemand schon derjenige „moderne" Mensch geworden ist, den alle haben wollen. Dazu werden
Kompetenzen standardisiert, also normiert, was
der Individualität ihrer Ontologie widerspricht.
Etwas Individuelles ist nicht normierbar, weil es
sonst nicht mehr individuell sein kann. Der Kompe-
tenzhype macht aus Schulen Versuchsgehege. Das
ist nicht gerechter als plumpe Wissensabfragen,
sondern intransparenter. Es ist ein ungeheuerli-
cher Eingriff in die Persönlichkeitsrechte der Jugendlichen, die der Problematik ausgeliefert sind,
dass Lehrkräfte ihre Art und Weise, mit einem
Problem umzugehen, beobachtend erkennen müssen. Eine pädagogische Interaktion ist aber etwas
anderes als die teilnehmende Beobachtung einer
soziologischen oder ethnologischen Feldforschung.
Sie baut auf zwei Dingen auf: Einer Beziehungs-

ebene und dem Logos – dem gedanklichen Ganzen, in dem sich Lehrer und Schüler gemeinsam forschend bewegen. Wenn aber die einen die Versuchsobjekte der anderen werden, ist nicht nur das Vertrauen zerstört. Kompetenzen beschreiben dann nicht mehr Bewegungsmöglichkeiten in einem gemeinsamen Denkraum, sondern sie werden zum Zweck einer entgleisten Idee vom „besseren Menschen". Weil bei Kompetenzanalysen nicht mehr Leistung (inklusive individueller Gedanken und Erkenntnisse), sondern die Existenz erwünschter Denkschemata und Verhaltensweisen überprüft wird, funktionieren Schulen dann wie Haftanstalten, aus denen Insassen früher entlassen werden, wenn sie Einsicht und gute Führung zeigen. Wer hätte das gedacht: Die „moderne" Schule funktioniert wie ein Knast, weil der Kompetenzbegriff nicht mehr reflektiert, sondern verabsolutiert wird, als Auflösung des Widerspruchs zwischen Individualisierung und Sozialisierung von Lernen. Am Ende fährt die durch den Begriff erhoffte Selbstreferenz des Lernens als Technologie ihrer Überprüfung gegen die Wand. Denn die bürokratische Krake, die zwecks Überprüfung individueller

Kompetenzen aufgebaut wird, entfernt das Individuum aus dem Fokus der Lernkultur. Damit wird die ursprüngliche Absicht, den Blick weg von den Wissensinhalten und hin zu den Lernenden zu wenden, in ihr Gegenteil verkehrt.

Die „Kompetenzidee" brachte bislang nicht denjenigen wünschenswerten Paradigmenwechsel, der mit ihr verbunden wurde; auch nicht dort, wo es um fachliche Kompetenzen geht. Die in Bildungsplänen formulierten fachlichen Kompetenzen sind leicht als alter Hut zu entlarven. Sie werden in abenteuerlichen Sprachkonstrukten krampfhaft in einen Zusammenhang mit vorgegebenen, feststehenden Inhalten und Wissensstrukturen gebracht, anstatt mögliche Denkprozesse der Lernenden abzubilden. Zwei Beispiele sollen das verdeutlichen: Im Bildungsplan Baden-Württembergs für die Realschule stehen neben zahlreichen Wissensbeständen und Kenntnissen über historische Deutungsschablonen zwei Sätze[48]:

- Die Schüler können erklären, wie es in Deutschland zu einer Diktatur kommen konnte.
- Sinngemäß: Die Schüler können Gemeinsamkeiten und Unterschiede der drei deutschen Revolutionen formulieren.

Sind das fachliche Kompetenzen? Zum ersten ist zu sagen: Nach einer Antwort auf diese Frage suche ich seit zwanzig Jahren. War es die Industrie? Die Mentalität der Menschen? Die Wirtschaftskrise? Die falsche Auffassung von „Demokratie"? Daniel J. Goldhagen, der Harvard-Professor, hat viel Kritik einstecken müssen für seine These, dass „Hitlers willige Vollstrecker" – die Deutschen – ebenso sind, dass sie zugucken, wenn Nachbarn verschwinden.[49] Der englische Nachrichtendienst-Offizier Saul K. Padover schreibt in seinem Buch „Lügendetektor", in dem es um Interviews mit ganz normalen Deutschen direkt nach dem Krieg in Aachen, der ersten gefallen Großstadt, geht, die Deutschen hätten große Angst davor, dass ihre Dokumente verbrannt seien. Dass Menschen verbrannt wurden, kümmerte sie wenig. Sie waren

Sklaven, die Bürokratie anbeteten.[50] Doch lässt sich die „Gesinnung", die Art, wie diese Deutschen „tickten", generalisieren? Ist Mentalität eine nachweisbare und rekonstruierbare Kategorie, um als Ursache der faschistischen Diktatur bezeichnet zu werden? „Können erklären" klingt, als sei alles klar: Die Ursachen, die die Lehrkraft im Unterricht angeführt hat, werden wiedergegeben. Ist das eine Kompetenz historischen Denkens? In einem auffälligen Ausmaß wurden bei diesen Formulierungen fachdidaktische Kompetenzmodelle, also die Forschung, ignoriert. In diesen Modellen geht es darum, dass Schüler Geschichte de-konstruieren und re-konstruieren können, d.h. sie können Perspektiven und Interessen an der Selektivität und Konfiguration einer historischen Darstellung erkennen und sind in der Lage, „Vergangenheitspartikel" selbst in einer Erzählung zu Geschichte zu verbinden.[51] Dieser „Forschungsprozess im Kleinen" trainiert unaufhörlich die Bewegung ihres Bewusstseins: Sie lernen, Perspektiven zu erkennen und im Denken einzunehmen; sie lernen, unterschiedlichste Aspekte zu einer historischen Bedeutung zu verknüpfen oder ein Geschichtsbild, das durch eine besondere Verknüpfung entsteht, wieder zu zerlegen; sie lernen, dass es nur Versionen von Geschichte geben kann und dass Kausalitätsbehauptungen immer begrenzt und vorläufig und vor allem eine Hypothese sind. Das nennt man historisch denken. Ein solches Denken ist ergebnisoffen und unabschließbar. Es lebt von dem Bestreben, zur „historischen Wahrheit" durchzudringen, durch den Nebel der vielen Wirklichkeiten, den unterschiedlichste Geschichtsdarstellungen produziert haben. Da ist erst einmal gar nichts klar. Eine echte Kompetenz wäre, erklären zu können, warum es schwierig ist, von einer oder zwei Ursachen der faschistischen Diktatur zu sprechen. Eine echte Kompetenz wäre, verstehen zu wollen, wie das Spiel mit menschlichen Schwächen (geliebt werden zu wollen in einer Gemeinschaft, aufsteigen zu wollen usw.) nicht nur in der Hitlerjugend funktionieren konnte, oder wie wirtschaftliche Interessen politische Macht korrumpieren. Weil es in der Schulrealität bei „erklären können, wie es in Deutschland zu einer Diktatur kommen konnte" aber nicht um fachliche Kompetenzen geht, sondern um die Reproduktion vorgegebener Deutungsschablonen, liegt am Ende weder Wissen noch Können vor, sondern Wähnen und Meinen. Es werden mögliche Erklärungen von Geschichte wiedergegeben, die die Lehrkraft im Unterricht angeführt hat. Vom curricularen Denken eines Bildungskanons haben sich die Lehrplanautoren nicht wirklich befreien können. Kompetenzen, die Schüler in einem Fach erwerben sollen, können zwar nicht ohne Fachlichkeit beschrieben werden. Das bedeutet aber nur, dass es in ihnen um Spezifika fachlicher Reflexionsprozesse gehen muss, und nicht um spezielle inhaltliche Erkenntnisse, die eigentlich offengehalten werden sollten. Für die Schulen ist dieses Missverständnis katastrophal. Sie werden dadurch auf eine Tradition der Wissensvermittlung zurückgeworfen, die sich nur modern etikettiert, oder sie flüchten in eine moderne Methodik, mit denen die „fertigen Geschichtsbilder" den Schülern interessant vermittelt werden.

Im anderen Beispiel zeigt sich das in einer noch gravierenderen Form. Die Formulierung dieser Kompetenz ist bereits eine Behauptung: Es gab drei deutsche Revolutionen (1848, 1919, 1989).

Eine „echte" Kompetenz historischen Denkens wäre, dass die Lernenden Argumente recherchieren und dann darüber diskutieren, ob es sich hier um Revolutionen handelt. Zum Beispiel 1919: Ja, weil sich die traditionellen Machtpositionen veränderten; der König ist am Ende weg. Nein, weil am Ende Gustav Noske und Friedrich Ebert als Mitglieder des Rates der Volksbeauftragten die monarchistischen Generäle zur Hilfe holten gegen die Radikalität der kommunistischen Aufstände, obwohl die Bevölkerung am Anfang gegen die alten Generäle demonstriert hatte. War Ebert ein Retter der Demokratie oder ein Verräter des Volks? Ja, weil hier Ideen einer gerechteren Gesellschaftsform durchgesetzt werden sollten, gleichgültig, ob als Räte- oder als parlamentarische Republik. Nein, weil das Volk an der Einführung der neuen Staatsform „Demokratie" fast nicht beteiligt war; diese wurde ihm „verkündet". Und so weiter, und so fort. Stattdessen wird in der Kompetenzformulierung vorausgesetzt, dass es sich um eine Revolution handelt. Nun muss an dieser Stelle einmal darüber aufgeklärt werden, dass Bildungspläne und Schulbücher auch eine Erzählung über die Identität einer Nation darstellen, die nicht selten politisch erwünschte Geschichtsbilder transportiert. Ein solches könnte hier in der Aussage bestehen, dass sich die Deutschen die Demokratie in ihrer Geschichte immer erkämpft haben, auch wenn wir es besser wissen. Entscheidend ist aber, dass man im Bildungsplan ja schlecht Kompetenzen historischen Denkens formulieren kann, die Schüler dazu befähigen, die Aussagen des Bildungsplans zu analysieren, zu kritisieren und zu widerlegen. Das würde der Enkulturationsfunktion von Schule widersprechen.

Zusammenfassung: „Man kann nicht zweimal in denselben Fluss steigen", meinte der Philosoph Heraklit[52]: „Denen, die in dieselben Flüsse hineinsteigen, strömen andere und wieder andere Wasserfluten zu."[53] Eigentlich lag der Sinn des Paradigmenwechsels von Inhalten zu Kompetenzen darin, die Lernenden zu befähigen, sich in der modernen Welt mit ihren wechselnden Gesichtern selbst orientieren und Identität konstruieren zu können. Doch anstatt dieses Können in unterschiedlichsten Situationen abzurufen, lehren wir sie Verhaltens- und Denkrezepte für zuvor exakt definierte Situationen. Die eigentliche Antwort auf das ununterbrochene Werden der realen Welt, das Heraklit lehrte, müsste das ununterbrochene originale Werden des eigenständigen Denkens sein. Heraklit unterschied das Reich der Existenz (existentia), das nie gleichbleibend ist und immer wieder neu wird, und das Reich der Essenz, des Wesens (essentia), das dem Sein (esse) angehört.[54] Die Lehrplankompetenzen bringen den Schülern nur bei, dass sich die Welt verändert und wie man darauf „richtig" reagiert, aber nicht, was das Wesen der Veränderung ist. Der tragende Gedanke des Heraklitischen Denksystems ist der Logos, der Sinn (lógos), als Garant der Wahrheit.[55] Folgelogisch müsste man die Lernenden nicht nur an den Ideen, sondern auch am Denken der Ideen beteiligen (platonische Anamnesislehre), weil das die notwendige Voraussetzung für eine Erlangung von Erkenntnis ist. Also in unserem Beispiel: Was ist der Sinn, den die unaufhörliche Veränderung der Welt in sich trägt? Fortschritt? Kreislauf? Menschliches Wachstum? Profit? Veränderung ist das Wesen alles Seienden. Auf die Suche nach der Erkenntnis eines unveränderlichen Sinns des Veränderlichen zielt das schulische Kompetenzgedöns nicht ab. Ihm geht es um ein „modernes Image", das sich mit dem notwendigen Überlebenstraining der Lernenden (existentia) begründen lässt, wobei Wahrnehmen und Denken einfach gleichgesetzt werden. Der sich wandelnde Fluss wird zum Maßstab für das Reagieren, anstatt die Mechanismen des Wandels zu erkunden. Der Kompetenzbegriff dient dem Zweck einer gerechteren Gesellschaft, nicht der Beteiligung der Lernenden am Logos hinter den wahrnehmbaren Phänomenen. Seine Verwendung ist nicht an den Lernsubjekten, sondern an abstrakten gesellschaftlichen Wertkategorien ausgerichtet. Die Veränderung der Relationen, in die der Wasserlauf eingebunden ist, kann so nicht mitgedacht werden. Diese „Krone des Gedanklichen" behalten sich die Bildungsavantgardisten für die Bildungspolitik vor, weshalb die Kompetenzidee auch zu einem Teil der Machtpolitik verkommen ist.

Dass das so ist, kann leicht belegt werden. Zum einen gab es bis zu vier oder fünf Jahre nach Einführung des neuen Bildungsplans fast nirgendwo Fortbildungen für die Lehrkräfte, jedenfalls nicht solche, in denen über offene Fragestellungen diskutiert werden konnte. Bereits zuvor wurde beschrieben, dass es bis heute unklar ist, *wie* ein Lernsubjekt Kompetenzen fachlichen Denkens erwirbt. Wahrscheinlich erwirbt es sie, wenn es fachlich denkt. Da aber Fachlichkeit eine immer geringere und Methodenkompetenz eine immer größere Rolle in der Schule spielt, kann das nicht mehr funktionieren. Zum anderen entstanden „Diagnose- und Vergleichsarbeiten", die den Stand des Kompetenzerwerbs, von dem unbekannt ist, wie er funktionieren könnte, am Ende zweier Schuljahre messen sollten. Diese waren im Bereich Geschichte eine Farce, weil sie mit standardisierten Items operierten, was darin mündet, dass der Lehrer feststellen musste, ob eine Antwort „richtig" oder „falsch" war (Item erfüllt oder nicht erfüllt), anstatt zu prüfen, wie der Schüler in seiner Argumentation Wissen in einem neuen Zusammenhang verwendet und selbst Zusammenhänge hergestellt hat, die er zu einer historischen Aussage verdichtete. Es ging um eine Reproduktion von Wissensbeständen zu historischen Deutungen, nicht um die Konstruktivität von Geschichte, in der sich Kompetenzen überhaupt erst zeigen. Der Schüler musste sein Wissen auf das Medium projizieren (Erklären), nicht aus dem Medium heraus Wissen generieren (Verstehen). Hinzu kommt, dass diese Überprüfungsarbeiten sehr methodenlastig waren. Zum Beispiel ging es darin bei Quellentexten um sinnentnehmendes Lesen, nicht um die Fähigkeit, eine echte Quellenanalyse durchzuführen.

Der Kompetenzbegriff ist eine Hülle, in die sich der Daumen, den die Kultusbehörden auf das schulische Lernen legen, kleidet. Wäre er eine Idee, die offen reflektiert wird, würde er nicht durch Verwaltungsvorschriften seines Sinns beraubt. Kompetenzen zu verordnen und in Items zu überprüfen – das ist die Perversion von Bildung. Der Begriff dient nur noch der Vortäuschung eines pädagogischen Paradigmenwechsels, der durch ihn theoretisch begründet werden soll, wo es in Wahrheit um bildungspolitische Macht geht.

Das Problem des Kompetenzerwerbs lässt sich sehr gut am Beispiel des Höhlengleichnisses von Platon reflektieren[56]: In einer Höhle sitzen Menschen gefesselt an einer Wand. Durch einen Lichtschacht geraten die Schatten von Gegenständen, die Leute oben auf der Straße vorbeitragen, an die gegenüberliegende Wand in der Höhle. Die Gefesselten geben diesen Schatten Namen; sie halten sie für die wirklichen Dinge. Würde man sie von ihren Fesseln befreien und sie würden nach oben in die andere Welt geraten, würde sie das auf den Nullpunkt ihrer Wahrnehmung, Erkenntnis und Erfahrung zurückwerfen. Sie wüssten nicht, was die Sonne ist, der Baum oder der Fluss. Diejenigen, die in der Höhle bei Wettbewerben, in denen Gegenstände erraten werden müssen, die Besten sind, wären nun die Verlierer. Es ist leicht zu vermuten, dass sie in ihre alte Welt in der Höhle zurück wollen. Sie fühlen sich dort nicht als Gefangene, sondern als Kompetente. An diesem Beispiel lässt sich nun die Frage diskutieren, was die Aufgabe des Lehrers ist: Soll er nur die Fesseln lösen und alles andere sich selbst überlassen, oder soll er die Gefangenen nach oben ziehen und ihnen

„den Kopf umdrehen, dass es knirscht"? Kann er festlegen, was eine „richtige" Erkenntnis ist? Oder ist es anders herum sogar seine Pflicht, die Gefangenen in die Welt des Existenten zu katapultieren? Von den Wertbegriffen her gedacht: Darf er ihnen sein Verständnis von Freiheit und Mündigkeit aufzwingen? Im Wesentlichen geht es um eine Frage, die der Pädagoge Theodor Litt Tausende Jahre später wieder aufgegriffen hat: Führen oder Wachsenlassen?[57] Wenn wir diese Frage auf den Kompetenzerwerb übertragen, dann wird das Problem sofort offensichtlich: Führen geht nicht, weil Kompetenzen nur individualisiert existieren können. Wachsenlassen geht auch nicht, weil die Denksystematiken des fachlichen „Kosmos" entweder aus geisteswissenschaftlichen Denktraditionen oder philosophischen Idealen heraus entstanden und nicht beliebig sind. So entsteht ein Dilemma, das der Klarheit widerspricht, die die Kompetenzformulierungen des Bildungsplans vortäuschen. Dieses Dilemma entsteht durch die Ausrichtung des dortigen Kompetenzverständnisses an einem klassifikatorischen Denken, wo es doch ei-

gentlich um die Beschreibung individueller Denk-
möglichkeiten und -bewegungen gehen sollte.

6.   Objekte statt Reflexionen

Edgar Morin und Stéphane Hessel, die beiden französischen Widerstandkämpfer, schreiben in ihrem neuen Buch „Wege der Hoffnung" über Bildung: „Wichtig ist: nicht nur Wissen zu vermitteln, sondern auch zu lehren, was Wissen ist. Es wird von Dogmatismus, Irrtum, Illusion und Reduktion unterminiert. Zu lehren sind also die Voraussetzungen eines relevanten und zuverlässigen Wissens. Wichtig ist: nicht nur zu lehren, was der Mensch sein soll, sondern auch, was er als biologisches Wesen, als Person und als Teil der Gesellschaft ist. Dazu gehört auch eine klare Kenntnis der Bedingungen des Menschseins, ihrer wechselvollen Geschichte, ihrer Widersprüche und Tragödien…. Wichtig ist: zu lehren, sich mit den Ungewissheiten auseinanderzusetzen, die heute, am Beginn des 21. Jahrhunderts, mehr als zuvor jeden Einzelnen, die Gesellschaft und die gesamte Menschheit betreffen. Wichtig ist auch: einen Unterricht zu fördern, der sich mit den Zivilisationsproblemen unseres Alltags befasst – Familie, Jugendkultur, urbanes Leben, Entmenschlichung der Seele, Entvölkerung des Landes, Konsum, Freizeitgestaltung, Umgang mit den Medien, Ausübung der demokratischen Freiheiten....“[58]

Edgar Morin war viele Jahre UNESCO-Beauftragter und hat in seinem Buch „Die sieben Elemente für eine Bildung der Zukunft“ geschrieben, dass es in der Bildung darauf ankäme, dass das Lernsubjekt zu einem Teil des Lernobjekts wird und das Lernobjekt zu einem Teil des Lernsubjekts.[59] Lernende sollen beim Lernen nicht fragen „Wozu brauche ich das?“, sondern „Was hat das mit mir zu tun?“ Zum Beispiel: Wo zeigt sich die Dichotomie von technischem Fortschritt und Entmenschlichung der Seele in meinem Handy-Verhalten? Was bedeutet die Elektronisierung des Lebens für die soziale Kommunikation in meinem Freundeskreis? Wie können Medien das kollektive Bewusstsein beeinflussen? Ich erinnere mich, wie ich im Politikunterricht das Bild eines Mannes zeigte, der vor den Trümmern des Libanon steht, ein totes Kind im Arm hält und zum Himmel blickt. Alle hatten Mitleid. Aber das Bild war gestellt; es hatte das Mitleid seiner Betrachter zum Ziel. Es war Propaganda. Erst als wir

uns darüber unterhielten, was das Bild nicht zeigt
– z.B. versteckte Raketen der Hisbollah in ganz
normalen zivilen Wohnhäusern – begriffen die
Schüler langsam, dass ihre Wahrnehmung, ihre
Emotionen zum Spielball der propagandistischen
Strategie einer politisch radikalen Gruppe, die
auch als Hilfsorganisation auftritt, geworden waren. Sie begannen, darüber nachzudenken, welchen Anteil die menschlichen Schwächen an den
Problemen dieser Welt haben könnten, und dass
es besonders dann schwierig ist, zu einem ange-
messenen Urteil über die Taten von Amokläufern
und Terroristen zu kommen, wenn „die Bestien“
auch „Menschen mit Schwächen“ waren. Denn das
macht aus der Frage der persönlichen Verantwortung und der Schuld, die schon beantwortet
schien, ein ethisch und rechtlich schwieriges Problem. Es geht nicht mehr nur um die Unmenschlich-
keit der Tat, sondern betrifft die Verwandlungsfähigkeit von Menschen und den Missbrauch ihrer
Menschlichkeit, ohne die Tat dadurch zu entschul-
digen.

An diesem Beispiel wird schnell klar, dass Wissen immer nur vorläufig sein kann und dass es „mit mir selbst" zu tun haben muss, wenn es „Gewissheit" über mentale, soziologische, politische Mechanismen und Zusammenhänge werden soll. In dieser Hinsicht haben die „Schulreformer" recht, wenn sie behaupten, dass in unseren Schulen überwiegend „veraltetes, totes" Wissen gelehrt würde. Das bedeutet aber nicht, dass das Wissen „zu alt" sei, sondern dass Wissen, egal wie alt es ist, von vielen Lehrkräften nicht in seiner Relevanz für die möglichen Erkenntnisse von Lernenden über die Gegenwart reflektiert wird. Für viele Lehrkräfte erschöpfen sich Lernprozesse in dem Dualismus von „Wissen vermitteln" und „sich Wissen aneignen", wobei „aneignen" mit „übernehmen" gleichgesetzt und das „Übernehmen" durch didaktisch-methodische Kleinhackkunst erleichtert wird. Die Frage „Was hat das mit mir zu tun?" spielt dabei überhaupt keine Rolle, weil solche Lehrkräfte „Wissen" als „Stoff", als „Pensum" oder als „Grundlagenbildung" sehen. Das ist nicht nur ein Ausdruck von Ignoranz oder einer Bequemlichkeitsmentalität, sondern es ist auch Hilflosigkeit gegenüber der Komplexität unserer Welt. Wo man den Schülerinnen und Schülern das Zustandekommen der Weltwirtschaftskrise von 1929 noch logisch nachvollziehbar vermitteln kann, ist das bei der Griechenland- und Eurokrise etwas ganz anderes. Das Konglomerat aus Finanzströmen, Buchungstricks, Wertentwicklungen und Staatspolitik durchschauen nicht einmal mehr Experten. Oder nehmen wir das Beispiel der medialen Beeinflussung: Nimmt man das Titelbild einer Bildzeitung und sammelt spontane Meinungen der Schüler zum dort behandelten Thema, so kann man leicht aufzeigen, wie die Architektur der Titelseite aus Eyecatchern, der Platzierung von Werbung und der Unterthemen im Nachrichtenteil Assoziationen erzeugt, durch die die Wahrnehmung der Leser okkupiert wird. Will die Lehrkraft aber erklären, wie bei Apple-Produkten oder Google eine Zensur bestimmter Suchergebnisse erfolgt, besitzt sie dazu in den meisten Fällen kein ausreichendes Know-How. Das Zusammenspiel aus Einflussnahmen der Firmen und Verbände und der Matrix der großen Rechenmaschine ist nicht nur zu komplex, sondern unbekannt. Zwar würden Apple und Google behaupten, dass es auch ihnen um eine Ethik von Wissen geht. Es ist aber eine andere Frage, ab wann und in welchem Ausmaß diese ethischen Entscheidungen über das Weglassen von Information die Autonomie des Gewissens der Lernenden untergraben. So wird die Wahrheitssuche fast unmöglich. Man kann von Lehrkräften nicht erwarten, dass sie die institutionellen Verwerfungen bei der NSU- Terrorismusbekämpfung mit ihren Schülern in drei Unterrichtsstunden durchleuchten, wozu ein parlamentarischer Untersuchungsausschuss hauptamtlich mehr als ein Jahr braucht. Die Lehrkraft würde changieren zwischen Verschwörungstheorien, moralischen Appellen und gefährlichem Halbwissen, wodurch sie zu einem weiteren Faktor würde, der das Denken ihrer Schüler lenkt, anstatt Repräsentantin einer Aufklärungsinstanz zu sein. Am Ende würde sie der Dauerempörung der Mediendemokratie aufsitzen, wo sie diese eigentlich durchschauen soll. Diese Hilflosigkeit der Lehrkräfte ist ein Grund für den Rückzug auf curriculares „Grundlagenwissen"; sie ist aber keine Entschuldigung für Bequemlichkeit, sich überhaupt keine Gedanken darüber zu machen, in welchen

Verbindungen die Menschlichkeit von Schülern und die Komplexität unserer gesellschaftlichen und ökonomischen Probleme stehen. „Problembewusstsein" zu erzeugen bedeutet schließlich nicht, alle Zusammenhänge kennen und erklären zu können, sondern bewusst dafür zu machen, wo die gedachte institutionelle und wertgebundene Norm (Bürgerrechte, Demokratie, Rechtsstaat) und die anzutreffende Realität voneinander abweichen. In einem gewissen Sinn ist das ein Bewusstmachen dafür, dass unsere Wahrnehmung und die gesellschaftliche Realität, die Konstruktionen sind, welche durch das Drehen an vielen Rädchen entstehen, die Grundlage darstellen, dass sich bei den Lernenden so etwas wie systemisches Denken einstellen kann. Es ist hingegen absurd, das von Lehrkräften zu verlangen, die noch nicht einmal ihren eigenen Anteil an den systemischen Mechanismen in ihrer Schule reflektieren. Die meisten Lehrkräfte sind, wie bereits erwähnt, Funktionäre ihres eigenen Außenbildes, um überhaupt im Schulalltag überleben zu können. Sie verstehen sich als Wissensvermittler und Erzieher, aber nur selten als Bildungswissenschaftler und Aufklärer. Dazu müssten sie sich – zumindest gedanklich – außerhalb des Systems stellen, in dem sie arbeiten und von dem sie Resonanz für ihre Arbeit erhalten. Sie müssten z.B. als Geschichtslehrkräfte ihren Schülern bewusst machen, dass Geschichte nicht Teil des Allgemeinwissens ist – sondern dass Geschichte „Denken" ist und sie – die Personen, die Individuen - dieses „Denken" „machen". Damit wären wir wieder bei dem Postulat von Morin und Héssel angelangt, dass man nicht Wissen vermitteln, sondern lehren soll, wie es zustande kommt. Das heißt: Prozesse, Mechanismen und Zusammenhänge in ihren Grundlagen verstehen anstatt die Ergebnisse als unabrückbare Kulturbestände zu vermitteln. Die Firmen haben daran kein Interesse, weil dann z.B. die Schlangen vor den Elektronikläden anlässlich der Einführung des Apple i-Phone 5 kürzer werden würden. Die Politik hat daran auch kein Interesse, weil ihre zukünftigen Wähler schnell durchschauen würden, dass es hier nur noch selten um ein besseres Leben der Bürger geht. Sollen die Lehrkräfte die demokratische Gesellschaft alleine retten? Utopische Aufgaben von Bildung treffen auf minimalistische Selbstverständnisse von Lehrkräften. Reflexion an die Stelle von Wissensvermittlung zu setzen ist zwar ein sinnvolles Untergangen. Das kann aber nicht gelingen mit Lehrpersonen, die keine Freude am Denken haben können, weil sie dadurch ihre systemische Position, ihre Karriere, gefährden. An dieser Stelle wird erneut klar, dass die Selbstlosigkeit der Lehrpersonen - ihr Idealismus – der Schlüssel für „gute Bildung" in den Schulen ist, und dass das ausgerechnet jene Leute einfordern, die selbst oft tausende von Euro für eine einzige Rede kassieren oder niemals unentgeltlich zum Wohl der Gesellschaft Mehrarbeit auf sich nehmen würden. Sie würden nach der „Rendite" des Einsatzes fragen, und, oh je, da lässt sich nicht viel rausschlagen. Vielleicht ein bisschen Anerkennung von den Schülern, die zehn Jahre später am Ende ihres Studium bemerken, was das Ihnen gebracht hat. Aber sonst?

In unserer Wissenskultur ist an die Stelle der Allgemeinbildung ein Empirie-Fetischismus getreten: Alles soll mit Zahlen und schön gestalteten Statistikgrafiken belegbar sein. Deswegen werden die

Naturwissenschaften, in denen es um Gesetzmäßigkeiten geht, „seriöser" angesehen als die Geistes- und Kulturwissenschaften. Sie erklären uns Zusammenhänge logisch nachvollziehbar, was gegenüber dem „Verstehenwollen" von sozialen Phänomenen einen entscheidenden Vorteil hat: Den Anschein, dass es eine Letztgültigkeit von Erkenntnis gibt. Eine dadurch eintretende Rationalisierung des gesellschaftlichen Wissens bleibt blind gegenüber Verweisungshorizonten, psychologischen Prozessen, unsichtbaren Ebenen von Erkenntnis. Soziale Zusammenhänge sind z.B. nicht immer logisch erklärbar, weil Fälle wie „Sarrazin" oder „von Guttenberg" unterschiedliche Wirkungen entfalten. Es geht darum, sich in Sichtweisen und Verarbeitungsmechanismen einzudenken. Es geht um den „divinitorischen Akt" von Verstehen.[60] Das ist aber kaum noch möglich, weil, so Bernhard Pörksen in der ZEIT, die Mediendemokratie zur dauernden Empörung neige. Es sei „eine Moralisierung aller Lebensbereiche" zu beobachten, „eine Neigung zum Tugendterror, der Maß und Mitte verloren hat. Warum ist das so? Moralische Empörung suggeriert ein Ad-hoc-Verstehen, liefert die Möglichkeit, sich über den anderen zu erheben und im Moment der kollektiven Wut Gemeinschaft zu finden. Sie kommt dem allgemein menschlichen Bedürfnis nach Einfachheit, der Orientierung am Konkreten, Punktuellen und Personalisierbaren entgegen, bedient die Sehnsucht nach Eindeutigkeit, dem Sofort-Urteil und der Instant-Entlarvung."[61] Verbunden sei dies mit einer radikalen Demokratisierung der Enthüllungspraxis; es brauche nur ein paar Klicks, und schon sei ein Zitat gefunden, ein Beitrag entdeckt, aus dem sich ein Widerspruch oder der Vorwurf persönlicher Inkonsequenz formulieren lässt.

Das Neue daran ist, dass Rationalisierung und Moralisierung keine Gegensätze mehr sind. Sie spielen zusammen das Lied einer aufgeklärten Gesellschaft, die sich dabei ihrer eigenen Erkenntnismöglichkeiten beraubt, weil es bei der „moralischen Selbstfestlegung" ihrer Akteure nur noch um Image oder Anklage geht, aber nicht um (Selbst-)Verstehen oder Verstehen sozialer Mechanismen. Alles Wissen bleibt bruchstückhaft und nebulös. An die Stelle des „Pensums" ist das „Empörungswissen" getreten. Für die Schulen hat diese gesellschaftliche Entwicklung gravierende Auswirkungen: Sie müssen es nicht mehr nur meistern, dass sich das Wissen der Welt alle paar Jahre verdoppelt, sondern sie müssen auch noch die Nebelbänke lichten, die das Scheinwissen und die multiplen Images erzeugen, damit Denken überhaupt möglich wird. Es ist natürlich plastischer und nachvollziehbarer, von Guttenberg als Betrüger und Sarrazin als Rassist zu beschimpfen, sozusagen als Hassobjekte, anstatt sich über die Bedeutung von Titeln in unserer Gesellschaft oder über die Vor- und Nachteile von „Vielfalt" auszutauschen. Rationalisierung und Moralisierung definieren Wissen als etwas „Feststehendes", demgegenüber man sich eindeutig positionieren kann. Die Reflexion, inwiefern Lernende an der Entstehung von Wissen beteiligt sind, wird dadurch überflüssig. Wir können das am Beispiel des Terroristenknasts Guantanamo Bay nachvollziehen. Roger Willemsen hat seine Interviews mit Ex-Häftlingen in einem Buch veröffentlicht. Im Vorwort macht er deutlich, dass Guantanamo ein Show-Ort ist, der zur Beruhigung und Selbstvergewisserung der amerikanischen

Bevölkerung dient: Seht her, hier sitzen die Terror-
täter. Ohne Gerichtsprozess festgehalten, verkehre
sich die rechtsstaatliche Regel *Sie sitzen hier, weil
ihre Schuld bewiesen ist* in *sie sind schuldig, weil
sie hier sitzen.*[62] Der Durchschnittsbürger fragt sich
dann kaum noch: Was hat das mit mir zu tun? Ein
Show-Ort der Terrorismusbekämpfung lässt das
Nachdenken über die eigenen Persönlichkeits-
schwächen oder die Entwicklung gesellschaftlicher
Werte obsolet werden. Wissen wird zum Objekt:
Da sitzen die Täter. Wissen ist keine Reflexion darüber, wie aus ganz normalen Jungs Täter werden.
Anklage statt Verstehen. Darüber geht das Gefühl,
wie eine gesellschaftliche Atmosphäre politische
Entscheidungen beeinflusst oder wie sich in der
Mentalität einer kulturellen Gruppe auch die Ver-
leugnung der Selbstreflexion manifestiert, verloren. Die Schule der Aufklärung ist mittlerweile zu
einem Opfer der Aufklärung geworden, weil sie
der Meistererzählung von Fortschritt und Moral,
von Gerechtigkeit und Werttreue, aufgesessen ist,
die nur noch durch Skandalisierungen verbunden
wird, anstatt die hinter den auftretenden Phäno-

menen versteckten Prinzipien und Zwecke gesellschaftlichen Handelns zu durchdenken.

Die meisten Lehrkräfte in den „Bildungsanstalten" haben diese Zusammenhänge nicht verstanden. Sie lehren noch nicht einmal „totes Wissen", sondern illustrieren mit ihm ihre moralischen Erziehungsappelle. Man sieht sie z.B. in der Gedenkstätte KZ Natzwiler-Struthof, wie sie ihren Schülern das Leid der Lagerinsassen auf dem Galgenhof erklären und während der vielen Worte über das Unbegreifliche unausgesprochen in die Runde schreien: Empört Euch! Seid betroffen! Nie wieder! Manche pädagogisieren den „Ausflug ins KZ", indem sie dort Stationen-Arbeit betreiben, was immer so wirkt, als würde das Lagerleben in diesem Moment lebendig. Sie bemerken nicht, dass es eine ungeheuerliche Respektlosigkeit vor der individuellen Auseinandersetzung von Schülern mit dem unglaublichsten Verbrechen der Geschichte – dem geplanten, technisierten Massenmord – darstellt, wenn sie moralische Erziehung als Prozess einer technischen Vermittlung von Moral gestalten. Wahrnehmung und Erkenntnis sind etwas

Individuelles. Sie gehören den Schülern, nicht den Lehrern. Die Lehrpersonen sind Ansprechpartner, wenn sich die Schülerinnen und Schüler in ihrer Wahrnehmung irritiert fühlen und das Bedürfnis haben, darüber zu sprechen. Sie sind dazu da, um über die Eindrücke und Wahrnehmungen ins Gespräch zu kommen. Sie sind nicht dazu da, die Schülerinnen und Schüler zu belehren. Dan Diner sagte einmal, Auschwitz habe eine Statistik, aber kein Narrativ (keine Erzählung).[63] Die Selbstmordrate war nach dem Ende des Zweiten Weltkriegs und der faschistischen Diktatur unter den Schriftstellern am höchsten. Sie haben keine Worte gefunden für das, was geschah, und das haben sie nicht ausgehalten.[64] Den Lehrern gehen die Worte anscheinend nie aus. Sie versuchen, aus Statistiken Moralappelle abzuleiten und benutzen die authentische Kulisse als Betroffenheitsaura. Wie moralische Erziehung mit einer rationalisierten Vermittlung von Moralschablonen gelingen kann, bleibt ein Rätsel dieser Lehrpersonen. Dass sie damit aber die Mechanismen von Skandalisierung auf der einen und von Rationalisierung der Vermittlung von Moral auf der anderen Seite übernehmen, ist ihnen wahrscheinlich nicht bewusst. Sie empfinden das als ihren gesellschaftlichen Auftrag, haben aber nicht begriffen, dass historisches Verstehen so nicht funktionieren kann. Denn zu sagen, dass die vielen Opfer eine Mahnung an die nachgeborenen Generationen sind, ist notwendig, aber trivial. Zu begreifen, warum und wie Lagerinsassen, also Opfer, im Lager zu Tätern werden konnten, ist viel schwieriger, weil dann das klassifizierende Denken – Täter, Opfer, Zuschauer – nicht mehr funktioniert.[65] Aber nur wer solche Prozesse menschlicher Verwandlungsfähigkeit verstanden hat, kann wachsam sein gegenüber sich selbst und gesellschaftlichen Entwicklungen.

Traurig ist, dass diese Lehrkräfte noch Leuchttürme in den Bildungsveranstaltungsanstalten sind. Sie haben wenigstens erkannt, dass es nicht nur um „Wissen" geht, sondern um seine Bedeutung. Ihnen ist klar, weshalb sie lehren. Das ist besser als 90% dessen, was sonst im Unterricht läuft, selbst wenn es einem Betroffenheitsritual gleicht. 90% dessen, was sonst im Unterricht läuft, ist Kenntnisvermittlung und Kenntnisnahme klassifizierbaren

Wissens: Welche Arten von Lagern es gab; wie das Lagerleben organisiert war. All die darin liegenden psychologischen Verwerfungen und Prozesse, wie sie uns Primo Levi in einer unbeschreiblichen Sprache als Psychologie des Lagerlebens in seinem Buch „Ist das ein Mensch?" vor Augen hält, bleiben unreflektiert.[66] Technische Details sollen die Technik der Menschenvernichtung erklären. Was hat das mit mir zu tun?

Nicht, dass Wissen „veraltet" oder „tot" sei, ist das Unerträgliche in unseren Schulen, sondern dass mit klassifikatorischem Wissen all die Prozesse verstehbar gemacht werden sollen, die unser Dasein, manchmal unsere Existenz, gefährden. Eine deutliche Mehrzahl der Lehrer ist nicht in der Lage, prozessorientiert zu denken, also mit Schülern zusammen Prozessmechanismen zu reflektieren, anstatt Wissen zu vermitteln, das bedeutungslos bleibt. Ein Beispiel aus dem Politikunterricht soll dieses Problem veranschaulichen: Die meisten Lehrer vermitteln, welche Rechtsgrundsätze einem Gerichtsprozess zu Grunde liegen und wie dieser abläuft. Sie reflektieren nicht, wie Starverteidiger, die den Gerichtssaal zur Showbühne machen und das medial verkaufen, Verfassungsprinzipien wie die Unabhäbgigkeit der Gerichte zersetzen oder was mit diesen Prinzipien passiert, wenn Bürger wegen jeder Kleinigkeit klagen. Solche Lehrer lehren, wie das Funktionieren demokratischer Gewalten und Institutionen *gedacht war*, aber nicht, durch welche Entwicklungen diese Idee konterkariert wird. Das ist wie mit Freiheit, die sich selbst zerstört, wenn sie inflationär und kurzsichtig ausgelebt wird. Wie das Funktionieren der Institutionen gedacht war, ist natürlich auch wichtig, aber es reicht bei weitem nicht dafür aus, Schüler dazu zu bringen, die Relevanz ihres eigenen Handelns und Denkens für die Zersetzung der gesellschaftlichen Idee zu reflektieren. Die Idee hat als Faktum in Bildungsprozessen noch keine Bedeutsamkeit. Sie stellt lediglich eine Referenz dar, durch die Fehlentwicklungen erkannt werden können, an denen wir alle beteiligt sind. Bildung heißt: Erkennen, weshalb sich Fehlentwicklungen einstellen können, wie sie funktionieren und was sie mit mir selbst zu tun haben. Das aber ist mit der Vermittlung der Norm nicht erreichbar. Diese existiert unabhängig vom realen Leben, wofür z.B. die Weimarer Republik das beste Beispiel der Geschichte ist.

Wo die „KZ-Dozenten" also meinen, dass Tugend und Moral lehrbar seien und deshalb die moralische Erziehung rationalisieren, setzen die „Wissensvermittler" darauf, ihren Schülern die Ideen gesellschaftlicher Einrichtungen zu erklären, ohne die Relevanz sozialer Prozesse und Entwicklungen für die Existenz der Idee zu reflektieren. Moralvermittlung und Klassifizierung von Wissen sind Merkmale des Niedergangs unserer Bildungsanstalten, weil sie das selbstständige Denken der Lernenden überflüssig machen. Die Lernenden bleiben trotz der guten Absichten ihrer Lehrer Betroffenheitsempfänger oder Aktenordner. Die Lehrer, denen es um Moral geht, setzen Menschlichkeit oder Demokratie auf ihre Fahnen. Sie haben aber Angst davor, dass Schüler eine ihrer Meinung nach „falsche Erkenntnis" formulieren könnten. Das ist das Paradoxon der „Wissensschule", die von sich selbst glaubt, auf dem Modernisierungspfad zu joggen. Sie lässt nicht los vom „Bildungskanon", von der „Wissensliste", die es zu vermitteln gilt. Moral tritt lediglich als „neues Wissen" an die Stelle des „alten Wissens", ohne dass auch nur ansatzweise darüber nachgedacht würde, wie Wissen zu Denken und Denkhandlungen zu einem Teil der menschlichen Persönlichkeit werden. Das Lernsubjekt wird an keiner Stelle zu einem Referenzobjekt des Lernens, obwohl der ganze Tugendterror doch genau das beabsichtigt. Offensichtlich ist unklar, dass Entwicklungsprozesse junger Menschen in dieser komplexen Welt nicht mit der Vermittlung selbstidentischen Wissens gelingen können. Die „Reformer" haben recht, wenn sie behaupten, dass solche Schulen keine Zukunft haben können. Stéphane Hessel und Edgar Morin sagen: „Eine … Transdisziplinarität setzt ein vernetztes Denken voraus. Das Denken in Teilen muss einem Denken in Zusammenhängen Platz machen. Das bedeutet: statt linearer Kausalität eine verknüpfte; statt klassischer Logik eine Dialogik, die mit komplementären und zugleich widersprüchlichen Begriffen umgehen kann; zur Kenntnis der Einbindung von Teilen in ein Ganzes die Kenntnis der Berücksichtigung des Ganzen in seinen Teilen."[67] Ich glaube, dass selbst diese Dialektik von Teilen und Ganzem für eine nachhaltige Bildung unserer Kinder nicht ausreicht, weil es weniger um additive Bausteine, sondern um mögliche Prozessmechanismen gehen muss, in denen die Lernenden ihre Verstrickung in gesellschaftliche Entwicklungen erfahren können. Das zu realisieren ist aber aus einem sehr einfachen Grund sehr schwierig: Lehrer sind Pädagogen. Sie besitzen nur rudimentäre psychologische Kenntnisse. Die meisten unter ihnen werden intellektuell nicht in der Lage sein, Lernprozesse so zu gestalten, dass Schülern ihre Verstrickung in solche Prozesse erfahrbar werden kann. Eine Ermöglichungsdidaktik ist für diese Lehrer zu komplex und zu unkontrollierbar. Sie müssten sich auf Wahrnehmungen, Haltungen, Entwicklungen, Verwerfungen ihrer Schüler in solchen Prozessen einlassen und sie mit Wissenszusammenhängen vernetzen. Sie müssten selbst fit im Denken sein und Interesse haben an der Generierung von Wissen, nicht an der methodischen Ausgestaltung seiner Vermittlung. Sie müssten sich in der Interaktion wirklich auf die menschliche Realität ihrer Schüler einlassen, anstatt das

Scheingefecht zu führen, diese in eine „gedachte" Gesellschaft eingliedern zu wollen, die so gar nicht (mehr) existiert. Es wäre aber vermessen, darüber zu schmunzeln, dass man solche Defizite bei Lehrern schon immer vermutet hat. Denn ich glaube, dass selbst Kommunikations-Coaches bei diesen Anforderungen an ihre Grenzen kämen. Es braucht einen unglaublich umfangreichen Fundus, aus dem man Wissenszusammenhänge hervorholen und für die jeweilige Situation aktualisieren kann – und den besitzen nur sehr wenige Menschen. Auch viele schmunzelnde Wirtschaftsmanager, die es ja gewohnt sind, dass sie Entscheidungen treffen, die andere dann umsetzen, würden hier kläglich scheitern. Man sieht, dass das Problem der „veralteten" Schule komplexer ist, als es Richard David Precht seinen Zuschauern erklärt. Auf der anderen Seite sollen Lehrkräfte Schneisen durch eine Komplexität schlagen, die sie gar nicht wahrnehmen, weil sie sich in einem linearen Rollenselbstverständnis eingerichtet haben und das notwendige Zusammenspiel zwischen kognitivem und sozialem Höchst-IQ nicht erfüllen. Weil sie – wie zahllose Menschen in anderen Berufsgruppen auch – Sys-

temzwerge und keine Persönlichkeiten sind. So
schließt sich der Kreis.

7.   Rechte statt Leistung

Das Recht auf Bildung, das die Französische Verfassung 1793 formulierte, konnten alle vorbehaltlos, egal welcher Klasse sie angehörten, einfordern. In der Geschichte und den Programmen der deutschen Arbeitervereine und der aus ihnen hervorgegangenen Sozialdemokratie tauchen dieselben Forderungen immer wieder auf: Weltlichkeit und Unentgeltlichkeit (Bücher, Schulmaterialien, Kleidung) der Schule. Ferdinand Lassalle, der Gründer des Allgemeinen Deutschen Arbeitervereins, nannte es eine wichtige Aufgabe des Staats, „die Erziehung und Entwicklung des Menschengeschlechts zur Freiheit" zu fördern (s. Anm. 68). Die aus der Mehrzahl der Arbeitervereine hervorgegangene Sozialistische Deutsche Arbeiterpartei ging hingegen davon aus, dass der Staat die Interessen der herrschenden Klassen vertritt und ordnete die Bildungsziele der Erringung politischer Macht im Staat unter. Im Gothaer Programm 1875 stellte Wilhelm Liebknecht dennoch die allgemeine und gleiche Volkserziehung durch den Staat, die allgemeine Schulpflicht, den unentgeltlichen Unterricht und die Erklärung von Religion zur Privatsache in den Vordergrund.[68]

Grundsätzlich ging es dabei um die Idee, dass der Staat den Menschen dienen und nicht über sie herrschen soll. Er ist für die Menschen da, und nicht die Menschen für ihn. „Volksbildung" ist also vor allem das Recht aller Volksklassen auf Bildung gewesen. Wer die Geschichte der Sozialdemokratie etwas genauer studiert, versteht, weshalb die SPD sich so vehement gegen Studiengebühren und für eine Angleichung der Schularten einsetzt. In seiner Rede am 5.2.1872 auf dem Stiftungsfest des Dresdener Bildungsvereins sagte Wilhelm Liebknecht, die Sozialdemokratie sei „im eminentesten Sinn des Wortes die Partei der Bildung".[69] Dass Bildungsgerechtigkeit auch heute noch ein gesellschaftlich wichtiges Ziel sein muss, bestreitet wahrscheinlich niemand. Das Problem liegt darin, dass das Recht auf Bildung von vielen Eltern und Schülern mittlerweile als Recht auf gute Noten oder auf Schulabschluss ausgelegt wird. Wenn Staat und Gesellschaft für die eigenen Bildungschancen einstehen müssen, warum dann nicht auch für das Gelingen der eigenen schulischen Leistungen? Durch dieses Missverständnis wird Schule immer mehr verrechtlicht. Die Klagen gegen Noten beinhalten Empörung gegenüber einer Schule, die das Kind nicht „fit" gemacht habe für die Prüfung oder ungerecht und subjektiv bewerten würde. Sie unterstellen den Lehrenden Dilettantismus. Das lenkt die Klagenden ab von der Frage, welchen Stellenwert der Einsatz, das Engagement und die Leistungsbereitschaft des Kindes für die Abschlussnote haben. Man fragt nicht mehr: „Welchen Anteil hat mein Lernverhalten an der Note?", sondern behauptet einfach: „Die Schule hat Schuld daran, dass ich nur eine Drei bekommen habe." Dann fahren Rechtsanwälte formale Spitzfindigkeiten auf, mit denen dieser Anspruch durchgesetzt werden soll. Die Schule wird dadurch zu einem Rechtskriegsschauplatz. Einerseits ist es positiv, wenn Schulen keine rechtsfreien Räume sind. Nur so kann dem Treiben mancher Lehrkräfte oder Schüler ein Riegel vorgeschoben werden. Andererseits kann an einem Rechtskriegsschauplatz kein Vertrauen entstehen, keine Leistungsbereitschaft, kein Ehrgeiz. Wer sich im Recht wähnt, muss sich nicht mehr beweisen. Er hat keinen eigenen Anspruch mehr, sich als Mensch zu entwickeln, indem er sich bildet, sondern denkt, dass die Welt um ihn herum gebaut worden ist. Dadurch relativiert sich natürlich die Einschätzung des eigenen Leistungsniveaus. Die Richtung von Leistungsansprüchen dreht sich um: Es ist nicht mehr zuvörderst die Schule, deren Experten formulieren, welche Ansprüche an die Leistungen von Lernenden gestellt werden, sondern es sind die Eltern, die formulieren, welche Dienstleistung die Schule zu erfüllen hat. Dadurch wird die Autorität, die Lehrpersonen durch ihre Expertise – ihr Fachwissen, ihren Reflexionsstil, ihre Erkenntnissuche, ihre didaktischen Fähigkeiten, ihre Persönlichkeit – erzeugen, weggepustet, als wäre all das nur Willkür. Sie müssen alle ihre pädagogischen Entscheidungen auf Rechtskonformität prüfen. Dadurch werden sie zu Spielern des Rechts; sie können nicht mehr authentische Persönlichkeiten sein, die sich und ihr Denken mitteilen. Die Verrechtlichung von Schule bedeutet in weiten Teilen ebenso wie die neuen Lehr- und Lernformen Banalisierung und Entpersonalisierung von Bildungsprozessen. Eine

Bildungspolitik, die die sozialdemokratische Geschichte der „Bildung für alle" als „Abi für alle" missversteht, befeuert diese Entwicklung noch zusätzlich. Es ist eine Entwicklung, die sich bei Privatschulen seit Jahren beobachten lässt. Ich weiß von einer Präsentationsprüfung dreier Mädchen, in der es um „Die Geschichte des Reitsports" ging. Sie brachten einen stark riechenden Pferdesattel mit in die Prüfung und meinten allen Ernstes, dass der Sattel den Zweck habe, dass der Reiter sicherer auf dem Pferd sitzt. Der historische Aspekt beschränkte sich darauf, dass Pferde heute nur noch selten in der Landwirtschaft und eben mehr im Sport eingesetzt würden. Eigentlich kann man so etwas Unterirdisches gar nicht bewerten. Anscheinend glaubten die Schülerinnen tatsächlich, dass sie mit einem Vortrag aus der Kategorie „Mein Hamster und ich" tatsächlich eine Zwei bekommen. Gegen die schlechtere Note legten die Eltern sofort Widerspruch beim Schulamt ein. Das heißt: Es war ihnen gar nicht klar, dass so eine Leistung nicht einmal annähernd dem Niveau der Klasse 10 einer Realschule entsprechen kann. Das Gefühl dafür, wie „Qualität" – und in dieser Hinsicht vor allem: Denkqualität", also Substanz – aussehen könnte, war ihnen komplett verloren gegangen. Wahrscheinlich waren viele gute Noten bisher von den Lehrkräften unter dem Damoklesschwert der Rechtsanwaltskanzlei erteilt worden, aber das ist nur eine Vermutung. Wenn man erfahrenen Lehrpersonen nicht mehr zutraut, dass sie erkennen können, ob Schüler Denken gelernt haben, ob sie ein Thema problematisieren können und dazu die gelernten Informationen einsetzen, dann können wir die Schulen dicht machen. Das Perfide an dieser Entwicklung ist: Je offener die Lernformen, desto unklarer der Rechtsrahmen. Lehrkräfte werden mit diesem Problem alleine gelassen. Sie müssen sich im Gegenteil am Ende noch für ihren Einsatz um gute Bildung rechtfertigen, der ihnen zuvor von der Stelle, vor der sie sich rechtfertigen sollen, abgenötigt worden ist. Sie schreiben dann Stellungnahmen, in denen sie begründen sollen, warum sie das, was ihnen aufgetragen war, umgesetzt haben. Die grassierende Einmischung von Laien in schulische Abläufe und in die Expertise der „Lernexperten" führen zu einer nachhaltigen Absenkung der Qualität schulischer Bildung. Den Gipfel dieses Prozesses stellt eine Homepage dar, in der jeder baden-württembergische Bürger am neuen Bildungsplan „mitbasteln" kann.[70] Der Bildungsplan als Bastelkarton für alle – dieses Professionalitätsverständnis kann nur noch Kopfschütteln erzeugen. Wozu werden Lehrkräfte eigentlich sechs Jahre lang ausgebildet, wenn die Bildungspolitik jedem Laien mehr Gehör schenkt als den Fachleuten?

Eine andere Situation betraf Schüler, die als Schulfremde die Realschulabschlussprüfung ablegen sollten. Sie hatten John F. Kennedy am Beginn der Prüfung als Schwerpunkt angegeben und begannen mit dem gähnenden Satz „Geboren…, gestorben….. Die Prüfer forderten sie auf, in eigenen Worten etwas zu der Persönlichkeit Kennedys und seinem politischen Wirken zu sagen und dieses zu beurteilen – eine sehr offene Fragestellung, die natürlich auch auf den Kalten Krieg zielte. Nach der Prüfung beschwerten sich die Privatschüler bei der Schulleitung. Die Fragen hätten sie verwirrt und die Note sei nicht nachvollziehbar, da sie doch auf alle Fragen etwas gesagt hätten. Sie besaßen nicht einmal annähernd die Fähigkeit, die Qualität ihrer Leistungen einigermaßen einzuschätzen. Sie dachten, dass sie etwas gesagt haben, reicht für eine Zwei mindestens aus. Bezeichnenderweise sind diese Schüler oft Kinder sehr reicher Eltern mit wirtschaftlich relevanten Firmen, die wahrscheinlich denken, dass die Lehrer zu springen und zu spuren haben, wo sie auftauchen. Solche Szenarien werden auch im Alltag öffentlicher Schulen deutlich zunehmen, aber mit umgekehrten Vorzeichen: Weil eine linke Bildungspolitik der Öffentlichkeit einhämmert, dass alle Kinder gleich wertvoll sind (was sie auch sonst natürlich schon immer waren), glaubt diese Öffentlichkeit dann, dass auch alle Kinder ein Recht auf gute Noten haben. Der Leistungsbegriff tanzt daraufhin den Tanz vom sterbenden Schwan.

Wo die Riester-Idee ein Geschenk für die Versicherungsbranche war, wird die neue Lernorganisation in den „Treibhäusern der Zukunft" zu einem Geschenk für die Rechtsanwaltsbranche werden. Rechtsanwälte werden Formfehler in der Notengebung finden, die die Lehrer bei den schwammigen Vorgaben der Kultusbürokratie gar nicht vermeiden können, und wenn das Verfahren dann gewonnen wird, sitzen die Schüler grinsend auf dem Gang und denken, ihre Leistung wäre wirklich besser gewesen als die Bewertung, die sie erhielten. Die alte sozialdemokratische Gesellschaftsformel Wilhelm Liebknechts „Nur wenn das Volk sich politische Macht erkämpft, öffnen sich ihm die Pforten des Wissens", traf auf die Schulen als Institutionen der Volksbildung zu.[71] Aber sie trifft nicht auf die Qualität von Lernen in diesen Schulen zu. Verantworten wir das Lernen doch bitte den Experten für Lernen, den Lehrkräften, und nicht den Bildungspolitikern, Rechtsanwälten oder Laien. Keiner würde auf die Idee kommen, das Crashverhalten eines Autos in der Entwicklung von einem Bäcker berechnen zu lassen. In den Schulen ist so etwas möglich. Es ist sogar von vielen Politikern erwünscht. Es nennt sich „Elternrecht".

Was die Qualität von Leistung dabei besonders zerstört, ist das fehlende Selbstverständnis dafür, dass Lernen Ausdauer erfordert. Jeder, der einmal eine schwierige Diplom- oder eine (echte) Dissertation geschrieben hat, weiß, dass die Einleitung zum Beispiel nicht selten bis zu zehn Mal um- oder neu geschrieben werden muss, bis sie perfekt ist. Schüler-, aber auch Studierende denken hingegen inzwischen immer häufiger, dass der erste Auswurf, den sie auf Papier gebracht haben, auch schon zu einer gebührenden Honorierung durch die Bewertenden führt. Sie nehmen es ganz persönlich, wenn dem nicht entsprochen wird. Sie haben kein Maß mehr dafür, wann etwas verbesserungsbedürftig, hinreichend oder brillant ist. Sie haben sich als kleine Prinzen und Prinzessinnen immer als brillant erfahren und projizieren diese kompromisslose menschliche Zuwendung auf die Bewertung ihrer kognitiven Arbeit.

8.   Geld statt Werte

So, wie man das Lernen nicht dadurch besser versteht, dass man es mit Kompetenzrastern seziert, weil es ja auch mit dem Einbringen individueller Erfahrung zu tun hat, kann man die Probleme der Bildungsveranstaltungsanstalten nicht lösen, indem man einfach mehr Geld rein pumpt. Die Lehrergewerkschaften haben sich darauf eingeschossen, die ökonomische Unterversorgung des Schulsystems anzuprangern. Sie bewegen sich argumentativ auf einer fiskalischen und organisatorischen Ebene von Bildung und leiten daraus Qualitätsargumente ab. Zum Beispiel soll die „individuelle Förderung" besser funktionieren, wenn mehr Lehrerstunden zur Verfügung stehen. Das ist auf den ersten Blick einleuchtend; dass eine Lehrkraft keine 30 Schüler individuell fördern kann, ist klar. Es ist aber fast ebenso unmöglich, 15 oder 16 Schüler individuell zu fördern. Sollen am Ende – wie in den Förderschulen – sechs Schüler in einer Klasse sitzen? Öffentliche Schulen funktionieren nicht wie Nachhilfeinstitute. Sie benötigen, um funktionieren zu können, den Einsatz und die Anstrengungsbereitschaft der Lehrenden und vor allem auch der Lernenden. Bildung kann überall stattfinden, in einem Palast oder einer Bretterbude, aber sie wird nie zu einem Teil der Individuen, wenn diese nicht bereit sind, sich mit fachlichen Frage- und Problemstellungen auseinanderzusetzen. Selbstverständlich ist es notwendig, den „kleinen Seelen" zu helfen, Dinge besser verstehen zu können. Diese Hilfe setzt aber die Bereitschaft, etwas verstehen zu wollen, voraus. Sonst ist sie sinnlos. Die Forderung nach Förderung steht in einem auffälligen Widerspruch zum Postulat der Selbstverantwortung, das die „Schulreformer" aggressiv verbreiten. Einerseits: Warum sollte jemanden gefördert werden (Passiv!), der nicht lernen will? Das würde ja heißen, dass Nichtanstrengung belohnt wird. Andererseits: Die Förderung suggeriert den Geförderten, dass sie danach gefälligst die Hürde zu nehmen haben, die sie vielleicht auch bei einer Hundertprozentförderung nicht nehmen könnten, weil es wahrscheinlich doch Unterschiede zwischen Menschen und ihren Begabungen gibt. Das erzeugt Druck, statt ihn rauszunehmen.

Die Forderung nach Förderung leiten die „Schulreformer" aus einem soziologischen Gerechtigkeitsbegriff ab, nicht aus einem Leistungswillen der Lernenden, den es zu unterstützen gilt. Es kommt einem so vor, als ob alle Kinder, die keine Lust auf Tennis und auch keine Begabung dazu haben, kleine Boris Beckers und Steffi Grafs werden sollen. Das „Wir sorgen dafür, dass jeder den Abschluss schafft" wird dann als „Recht auf Abschluss" verstanden, und wenn es schief geht, ist die angeblich schlechte Förderung Schuld, nicht die Lethargie und Ziellosigkeit der Durchgefallenen. Man sieht: Die Gerechtigkeitsblase bewirkt, dass es am Ende nur noch um Systeme geht, nicht mehr um Menschen, die für sich selbst Verantwortung übernehmen sollen und dass Geld für Förderung die Forderung nach immer noch mehr Geld nach sich zieht. An den Haltungen der Lernenden in den Bildungsveranstaltungsanstalten ändert das nichts. Die Selbstbezüglichkeit von Lernen wird dadurch eher konterkariert; die Kompetenzraster, die dann darüber entscheiden, wie gut oder schlecht jemand eine Sache durchdrungen hat, werden zu einer unpersönlichen Macht, die über den „För-

171

derbedarf" entscheidet. Am Ende führt das reingepumpte Geld zu systemischen Automatismen, die Menschen in Levels von Förderkursen zuweisen. Es entsteht ein Defizitdenken, das man mit der „Individualisierung" von Lernen eigentlich auflösen wollte. Fazit: Immer dann, wenn mehr Geld zu einer Aufblähung des Systemapparats führt, entsteht am Ende systemische Macht, nicht individuelle Gerechtigkeit. Niklas Luhmanns Frage „Technologie oder Selbstreferenz?" beantworten die Individualisierer ausgerechnet mit „mehr Technologie".[72] Darin liegt die Absurdität der Geldfordernden. Sie denken, mehr Geld für alle Schulen führt automatisch dazu, dass alle Menschen sich bilden.

Ein zweiter Widerspruch liegt darin, dass die Geldforderer mit der Chancengerechtigkeit und der Qualität von Bildung argumentieren, die sie mit individueller Förderung gleichsetzen. Aus einem Zuviel an Förderbedarf kann man aber auch Aussagen über die Qualität des Unterrichts ableiten, und es wäre ja absurd, dass dann Geld für das eigene Versagen gefordert wird. Was die Schulen anbelangt, braucht es eine vernünftige Ausstattung und eine hinreichende Varianz an Lernmöglichkeiten. Darüber hinaus hat Geld mit der Qualität von Bildung - anders als an den Universitäten, wo es um Forschung geht – wenig zu tun. Die Qualität von Bildung hängt von den Haltungen der Bildungsakteure – der Lehrenden und der Lernenden - ab, weniger von den Systemen, in denen sie agieren. Wenn gute Lehrpersonen anständig bezahlt würden oder über eine Geldsumme für die Beschaffung von Sachbüchern und Fachliteratur verfügen könnten, wäre das wahrscheinlich effizienter als die Einführung einer völlig überflüssigen neuen Schulart. Und wenn es klar wäre, dass Bilden vor allem „sich bilden" bedeutet, dann bräuchte es keine Zwangszuweisungen in geldgeförderte Förderkurse, kein Gleichheitspostulat, durch das ein Abweichen von der Normalität „aufgefangen" werden muss, was nach außen als Individualisierung verkauft wird. Es bräuchte Lernende, die etwas erreichen wollen und sich dafür Hilfe holen. Es bräuchte Freiwilligkeit, die aus der Selbststeuerung erwächst. Darin besteht der Erziehungsauftrag von Schulen, nicht in einem Reparaturbetrieb, der mit aufgeblähten Förderkursen die Hälfte der eigentlichen Ressourcen bindet. Die Förderinflation widerspricht dem Ziel, Fremdbestimmung und Künstlichkeit des Lernens in Schulen aufzuheben, weil sie Ausdruck eines systemischen Denkens ist, in dem die Individuen „geformt" werden sollen. Das Buch der asiatischen Professorin, die ihre Töchter mit Klavierdrill und allerlei anderen Schikanen zu „tugendhaften, erfolgreichen" Menschen formen will, hat hierzulande ziemliches Entsetzen entfacht.[73] Aber eigentlich enthält der „Förderdrill", der unter der Überschrift „Hilfe" steht, dieselbe Diktion. Es ist ein zwangloser Zwang, der Menschen, einem Idealbild von Gesellschaft folgend, lenkt und formt. Kinder, die bereits vielfach in Bedrängnis geraten, weil sie zufriedene Menschen werden oder den Wünschen ihrer Eltern genügen sollen und dazu von Termin zu Termin hetzen, erfahren sich selbst ausschließlich als defizitär und optimierbar, wenn auch die Schule noch in separaten Förderkursen an ihrer Verbesserung feilt. So trägt die Förderung, die das Erreichen von „Kompetenzen" beabsichtigt, noch zur Verfestigung des ‚überforderten Kinds' bei, statt Abhilfe und Entspannung zu schaffen. Dadurch wird aus dem Ziel der menschlicheren Gesellschaft eine unmenschlichere Kindheit. Mit anderen Worten: Förderungsverwaltung ist Verunmenschlichung von Schule, wenn sie systemisch gedacht und begründet wird. Sie ist Ausdruck einer Seelenschieflage von Lernen. Wenn in Klassengemeinschaften sehr gute und gute Schüler den schwächeren helfen, dann enthält das für alle Beteiligten eine Essenz für die Lernkultur. Es ist keine Institutionalisierung der Defizitbehebung und -verwaltung, es setzt keinen Makel und es kostet keinen Cent. Außerdem wird kein Zeichen gesetzt, dass Nachlässigkeit, Unaufmerksamkeit oder ausbleibende Selbstanstrengung in einer „zweiten Chance" einfach vergessen werden. An diesem Punkt zählen vielleicht wirklich ökonomische Argumente: Eine Unterrichtsstunde kostet den Staat zwischen 90 und 110 Euro. Es wäre ungerecht, wenn diejenigen, die durch Anstrengungslosigkeit in Bedrängnis geraten, von allen anderen das Nacharbeiten bezahlt kriegen, während die Fleißigen nirgendwo anständig herausgefordert werden können, weil dann das Geld alle ist.

Das zweite Problem des Schreis nach „Geld" ist die multimediale Ausstattung der Schulen, für die bekanntlich die Gemeinden zuständig sind, nicht die Landesregierung. Die Gemeinden können ihre Schulen in kleine Tablet-Anstalten und interaktive Whiteboard-Welten verwandeln, wenn zufällig eine große Firma Steuern zahlt. Für die Wartung dieser Hightech-Geräte sind sie aber nicht zuständig: Dieses Personal muss aus dem Schultopf oder vom Land bezahlt werden. Das ist der Grund dafür, dass die Hightechwelt nach ein paar Jahren zu einer riesigen Computermüllhalde mutiert. Irgendwie versackt das ganze Geld bei solchen Medienprojekten immer irgendwo im Nirgendwo. Für die Qualität von Lernen und von Unterricht hat die Medienausstattung überhaupt keine Relevanz. Computer haben eine Halbwertszeit von 4 Jahren. Denkfähigkeiten, die ein Teil der Schülerpersönlichkeit werden, tragen ein Leben lang. Würde man jedem Kind einmal im Monat einen Büchergutschein schenken, würde wahrscheinlich mehr dabei raus kommen, als wenn die halbe Unterrichtsstunde dafür drauf geht, dass der Access-Point, der für die Steuerung der Tablets notwendig ist, wieder einmal nicht funktioniert. Wir sprechen über multimediale Lernwelten, haben aber nicht einmal funktionierende Drucker an den Schulen. Abgesehen davon hilft der Computer nicht weiter, wenn im Unterricht z.B. darüber diskutiert wird, welche Rolle „Moral" in der Politik spielen sollte. Außer zur Recherchearbeit und zur Präsentation ist ein sinnvoller Einsatz von Computern außer Sicht. Eine Präsentation kann aber auch mit einer guten Visualisierung der Argumentationsstruktur an der Tafel funktionieren. Man sieht: Computer sind meistens Zeitverschwendung. Sie stellen eine zusätzliche Ebene von Lernen dar, das zuvor auch ohne sie funktioniert hat. Es ist natürlich notwendig, dass Schülerinnen und Schüler eine solide informationstechnische Grundbildung erfahren. Es ist aber sinnlos, das Medium selbst zum Lerngegenstand zu machen und dafür das ganze Geld zu verpulvern, das man eigentlich für die Grundausstattung der Schulen benötigt. Der Schrei nach Geld ist also undifferenziert. Ihm wohnt die Behauptung inne, dass eine modern ausgestattete Schule auch Bildungsqualität verheißt. Das ist ein Irrtum. Es könnte stattdessen wie mit der Lebensqualität sein, die immer öfter gerade dann steigt, wenn das i-Phone einmal kaputt ist und man im Café sitzt, ohne E-Mails abzurufen, auf Facebook zu surfen oder sms zu schreiben. Die Qualität eines Vortrags kann ohne Power-Point größer sein als mit. Manchmal ist die Anordnung von Kärtchen an einer Pinnwand besser zu verstehen als die vielen elektronischen Folien, die Untermenüs von Untermenüs sind, die der Zuhörer gar nicht mehr im Kopf hat. All dass, was Edgar Morin und Stéphane Hessel als zukunftsträchtige Problemfelder anführen – eine moralische Erneuerung, eine Kultur der Ästhetik, eine Neubelebung der Demokratie – ist unabhängig von Geld umsetzbar.[74] Es braucht dazu Bereitschaft und ein wertorientiertes Denken. Es braucht also vor allem die Einsicht und Haltung der Bildungsakteure, nicht ihr technisches Geschick, mit einem Gerät umzugehen. Dass Lehrergewerkschaften ihre fiskalischen Forderungen mit Bildungsqualität begründen, ist eine politische Strategie; mit Pädagogik hat das nur nachrangig zu tun. Würde die Subjektzentrierung von Bildung im Vordergrund stehen, dann wäre die Frage relevanter, *wie* der Mensch als Individuum lernt. Dann würde schnell klar, dass er dazu Möglichkeiten braucht – Bibliotheken, Bücher, Informationen, vielleicht das Internet – eine Grundausstattung also. Es braucht aber weder einen Schulpalast noch fünf Lehrer für eine Klasse, sondern Aktivität und Ziele, die sich die Lernenden setzen, sodass Bildung wieder „sich bilden" bedeuten kann, und nicht „gefördert und dadurch gebildet werden". Wäre es anders, würden die Gymnasien, in die bekanntlich das meiste Geld fließt, nicht ständig über eine schleichende Absenkung des Bildungsniveaus klagen.

Viele Gelder fließen innerhalb der Schulen in alternative Projekte, z.B. Theaterkurse. Die Theaterpädagogik hat an den öffentlichen Schulen inzwischen ein noch nie dagewesenes Ausmaß erreicht. Sie wird mit dem Argument eingesetzt, dass das Lernen in ihr ganzheitlich und deshalb nachhaltiger sei, dass Kopf, Herz und Hand eine Ganzheit bilden. Für die Schüler ist dabei eher die Möglichkeit attraktiv, ein Fünfzehn-Minuten-Star zu werden. Es geht Lehrkräften, die sich für Theaterpädagogen halten, um Dinge wie „einen Bezug zu sich aufbauen", „sich mitteilen" und „Anerkennung finden". Vielleicht ist die kreative Verarbeitung kognitiver Zusammenhänge, Geschichten und Sinnkonstruktionen wirklich nachhaltiger. Ich frage mich aber, was auf der anderen Seite für die – wie Sylvia Löhken sie nennt – „stillen Menschen" angeboten wird, die eher zuhören, sich Gedanken machen und vor allem nicht nur situativ und spontan sind, sondern nachdenken, bevor sie jemandem antworten.[75] Man stelle sich vor, ein introvertierter Schüler sitzt in einer Theaterklasse – der arme Kerl kann einem ganz leidtun, inmitten der DSDS-Kids, inmitten einer Showbühnenwelt. Statt „zum Lernen gezwungen" ist er „auf die Bühne gezwungen". Ich behaupte, dass solche Projekte, wenn sie als „alternative Lernformen" eingesetzt werden, die Hälfte der Schüler nicht erreichen und die andere Hälfte dem Drehbuch aufsitzt, das die Theaterkulisse schreibt. So wie Manfred Spitzer, der Hirnforscher, behauptet, dass digitale Medien süchtig machen und langfristig Körper und Geist schaden bzw. die Lernfähigkeit vermindern („Digitale Demenz")[76], ist die ganzheitliche Theaterpädagogik am anderen Ende der Skala hauptsächlich ein Event, in der der Traum der Teenager vom Ruhm simuliert wird, aber sie vermindert die Lernkultur, anstatt sie zu erhöhen, weil es den Jugendlichen mehr um ihre Show als um die Auseinandersetzung mit der Sache geht. Dann gerät Theaterpädagogik zu ihrer eigenen Satire. Man kann so etwas als AG anbieten, aber nicht als Lernkonzept, mit dem herkömmliche Bildungsinhalte nachhaltiger vermittelt und eingeübt werden sollen.

Allenthalben wird deutlich, dass der Schrei nach Geld dilettantisch ist. Es ist ja völlig klar, dass in der Bildung nicht funktionieren kann, was in anderen Politikbereichen scheitert: Mehr Geld für familienpolitische Leistungen hat noch nie dazu geführt, dass mehr Kinder geboren werden; die Praxisgebühr hat nicht dazu geführt, dass die Arztbesuche abgenommen hätten; mehr Straßen führen nicht automatisch zu weniger Staus; mehr Technik führt nicht automatisch zur Einsparung von Zeit. Und so weiter, und so fort. Die Verknüpfung von Geld und Bildungsqualität ist also grotesk. Sie lenkt ab von dem Hauptproblem in unseren Schulen: Der Mentalität, die in ihnen herrscht; einer Lernkultur, die

es Menschen in einer positiven Atmosphäre er-
möglicht, sich zu bilden; der Einsicht, dass Lernen
Anstrengung und Befriedigung zugleich sein kann.
Man braucht dazu ein paar Bücher, seinen Kopf
und eine aktivierende Einstellungen. Man braucht
die Bereitschaft, sich weiter zu entwickeln. Tolle
Schulmöbel, interaktive Medien, elektronische
Hilfen und zahllose Förderprogramme oder fünf
Lehrer in einer Klasse sind nette Zugaben. Aber sie
sind nicht die Grundlage für eine gute Qualität von
Bildung.

9.   Doktrinen statt Erfahrung

Symptomatisch für schulpolitische Entscheidungen ist, dass die Erfahrungen der Lehrkräfte keine Rolle spielen, ganz gleich, ob es sich um die Einführung bilingualen Unterrichts in baden-württembergischen Realschulen, Formen und Vorgaben für Prüfungen oder allgemein das Niveau der Bildungspläne handelt. Viele Schulen haben den bilingualen Unterricht in Modulen eingeführt. Das bedeutet: Einzelne Themenfelder werden in allen Fächern auf Englisch unterrichtet. Das kann man sich in Naturwissenschaften gut vorstellen, denn dort geht es um die Vermittlung von Gesetzmäßigkeiten. Das Spektrum der fachlichen Begriffe ist begrenzt. In einem Fach wie Geschichte sieht das aber ganz anders aus. Dort geht es um Bewusstseinsprozesse der Lernenden, die in Bewegung geraten, weil ein Sachverhalt problematisiert und aus unterschiedlichen Perspektiven betrachtet wird. Es ist schon in deutscher Sprache außerordentlich schwierig zu verstehen, wie die „Verstrickung" ganz normaler Männer und Frauen in die nationalsozialistischen Verbrechen funktionieren konnte. Das Wort „Verstrickung" lässt sich nicht derart ins Englische übersetzen, dass der im Deutschen gemeinte Sinn erhalten bleibt, der in Fächern wie Geschichte ohnehin erst einmal diskutiert werden muss. Die Evozierung von Bewusstseinsprozessen ist bereits in deutscher Sprache ein komplexes Unterfangen. Darüber hinaus besteht aber das viel grundlegendere Problem, dass die Jugendlichen schon durchdrehen, wenn die Lehrkraft in ganzen deutschen Sätzen spricht. So kann man sich leicht ausmalen, welches Niveau in einem Geschichtsunterricht, der in englischer Sprache erfolgt, am Ende übrig bleibt: Das Vermitteln historischer „Fakten". Die Modernität, die der bilinguale Unterricht suggeriert, führt letztlich zu einem sehr niedrigen Reflexionsniveau. Das behindert sogar die Persönlichkeitsbildung. In einer Fremdsprache – das ist ein weiterer Punkt – erreicht die pädagogische Beziehung zwischen Lehrpersonen und ihren Schülern nicht annähernd dieselbe Intensität wie in der Muttersprache.

Die Gefahr ist also hoch, dass bilingualer Unterricht fachdidaktische Errungenschaften um Jahrzehnte zurück wirft. Zum Beispiel spielt in einem englischsprachigen Geschichtsunterricht die Vermittlung historischer Zusammenhänge immer eine größere Rolle als die Reflexion eines historischen Problems. Zu letzterem fehlt schlicht das Vokabular, und wenn Vokabular fehlt, ist es unmöglich, Perspektiven zu wechseln oder Bedeutungen zu diskutieren, wovon historisches Lernen lebt. Ein anderer Aspekt betrifft den Einsatz der Lehrkräfte. Es gibt Schulen, die folgelogisch im Fach Geschichte dann vorzugsweise Englischlehrer einsetzen, deren Zweitstudienfach Geschichte war. Damit wird einfach ignoriert, dass es sehr kompetente Geschichtslehrer gibt, die aber keine Englischlehrer sind. Solche Geschichtslehrer unterrichten dann in bestimmten Klassenstufen kaum mehr. Sie gucken zu, wie die Englischlehrer historische Fakten vermitteln, damit ein solcher Unterricht überhaupt ansatzweise funktioniert, und müssen ihre Expertise zurückhalten. Qualitätskriterien von Fachunterricht spielen am Ende keine Rolle für das Lernen in den „Treibhäusern der Zukunft". An diesem Beispiel kann man sehen, wie das Image modern zu sein, dem die Schulen nachlaufen (sic!), zu einer Abwärtsspirale des intellektuellen Anspruchs führen kann. Jede Lehrperson hätte das vorher gewusst. Stattdessen erfolgt eine Verordnung, die den Schulen diesen Unsinn vorschreibt. Die Umsetzung aktiviert solche Lehrkräfte, die auf diesen Zug aufspringen und darauf Karriere machen wollen, aber sie verstört Lehrpersonen, die mit ihren Schülern zusammen „denken" möchten. Die Schulverwaltung sieht die berufliche Erfahrung von Lehrkräften nicht als Ressource, sondern als Störfaktor ihrer Bildungsideologie. Es gibt kein Unternehmen, in dem die Firmenleitung ein solches Ausmaß an Misstrauen gegenüber der Kompetenz ihrer eigenen Mitarbeiter zeigt wie in den Schulen. Ob Lehrkräfte professionell sind, wird wahrscheinlich deshalb kaum überprüft, weil man nie davon ausgegangen ist, dass dies der Fall sein könnte. Man stelle sich ein solches Unternehmensmanagement bei Flugzeugpiloten vor.

Die Art der schulbürokratischen Verordnungen hat sich in der letzten Dekade verändert. Immer weniger geht es dabei um rechtliche Rahmenbedingungen, unter denen schulisches Lernen stattfindet, und immer mehr geht es um pädagogische Konzeptionen, die den Schulen verordnet werden, z.B. – wie bei den Gemeinschaftsschulen – die Prämisse des „selbstorganisatorischen Lernens". Pädagogik im Schulalltag funktioniert so aber nicht. Dort sind die Erfahrungen der Lehrpersonen für das Gelingen von Lernprozessen ganz entscheidend. Pädagogik ist situationsbezüglich. Sie ist nicht planbar wie ein Betriebsablauf. Es kommt darauf an, sich als Lehrperson in der unverhofft eintretenden Situation wertgeleitet und erfahrungsreif intuitiv zu verhalten. Durch vorgegebene pädagogische Ausrichtungen des Lehrerhandelns wird die Pädagogik den Lehrkräften aus der Hand genommen. Deren berufliche Erfahrungen haben immer weniger Gewicht. Lehrkräfte werden dadurch zu Ausführenden einer Staatspädagogik. Was unterscheidet das dann noch von diktatorischen Systemen? In solchen ist Erziehung nicht der wichtigste Bereich im Staat, sondern ein Teil aller Lebensbereiche. Wo die Formung der Menschen als Staatsaufgabe auch inhaltlich festgelegt ist, gerät die Pädagogik als Reifeprozess von Individuen in Gefahr. Diese Entpersonalisierung von Bildung degradiert Lehrpersonen zu Arbeitsorganisatoren. Sie gelten nicht mehr als pädagogische Experten, sondern sind Statisten und Erfüllungsgehilfen der Schulpolitik. Offensichtlich geht man dort davon aus, dass Lehrkräfte sich im Kreis drehen, wenn sie aus ihrer Praxis Schlussfolgerungen für ihre zukünftige Praxis ziehen. Eine individuelle Theorie über Lernen und Schule entsteht in der Tat erst, wenn sich auf den Erlebnissen Erfahrungen niederschlagen, die zu einer Erkenntnis gerinnen. Aber es muss einem Professionellen zugemutet, zugestanden und überhaupt möglich sein, diese Erkenntnisse auf sein pädagogisches Handeln zu übertragen. Es muss ihm möglich sein, die pädagogische Relevanz seiner Erfahrungen als Qualitätssicherung seines beruflichen Handelns zu begreifen.

Erfahrung ist die mittlere Ebene zwischen Theorie und Praxis. Sie bedeutet nicht „Reaktion auf Erlebnis", sondern Haltung und Maß des Handelns. Erfahrung ist die Matrix des pädagogischen Habitus. Die pädagogische Interaktion lebt davon. Thomas von Aquin stellte in seinem Büchlein „Über den Lehrer" einst die Frage, ob Lehren eine Tätigkeit des praktischen oder des kontemplativen Lebens sei und antwortet darauf mit Gregors Ezechielkommentar wie folgt: „Das praktisch-tätige Leben hat es mit den der Zeit unterworfenen Dingen zu tun, das Lehren jedoch vornehmlich mit dem Immerseienden; denn solche Lehre ist vollkommener und von höherem Rang. Also gehört das Lehren nicht zur praktisch-tätigen, sondern zur theoretisch-betrachtenden Lebensform."[77] Und: „...hat das praktisch-tätige Leben, da es in seinem Tun beansprucht wird, weniger im Blick als das theoretisch-betrachtende."[78] Die zunehmende Ausblendung der den pädagogischen Habitus tragenden Berufserfahrungen aus dem schulischen Handeln der Lehrkräfte führt dazu, dass Lernen zu einer seelenlosen Veranstaltung verkommt. Durch diese Entpersonalisierung ist Lernen dann wieder von Wissensinhalten getragen, nicht von der Suche nach der Bedeutung des Wissens. Das macht es banal.

Harro Albrecht zitiert in der ZEIT einen Arzt, der behauptet, dass medizinisches Handeln nur zu 20% auf wissenschaftlich bewiesenen Tatsachen und zu

80% auf Erfahrung, Psychologie und Geschick beruht.[79] Das gilt für pädagogisches Handeln in einem noch viel höheren Ausmaß, weil das pädagogische Wissen so lange unscharf bleibt, bis es sich in Situationen konkretisiert – und zu dieser Konkretisierung braucht es Erfahrung. Dabei geht es darum, bei Ausrichtung an der eigenen pädagogischen Haltung flexibel bleiben zu können. Es geht also darum, das Maß des Handelns loslassen und gleichzeitig im Auge zu behalten. Lehrkräfte müssen immer zur selben Zeit unter den Menschen und bei ihren Konzepten sein, also Distanz *und* Nähe zeigen. Sonst „verlieben" sie sich in ihre eigene Schöpfung oder in ihre Ideale, und das entfernt sie von der nüchternen Analyse der Schulrealität. Sie wären nicht mehr Akteure des Alltagsgeschehens, sondern würden in ihren Existenzzeitlupen verweilen. Anders herum – wenn sie nur noch in Situationen reagieren, werden sie zu Sklaven der Systemmechanismen, durch die die Muse aus den Schulen vertrieben und die Lernenden für das „Geschäft" verfügbar gemacht werden sollen. Erfahrung ist das Kitt, das Theorie und Praxis verbindet. Wahrscheinlich hat die Schulpolitik Angst davor, dass ihre politischen Ideale und Visionen sich an den Erfahrungshorizonten der Lehrpersonen brechen und dann „gewöhnlich" werden.

Bildungsgewerkschaften decken solche Zusammenhänge nicht auf, sondern sind ein Teil von ihnen. Sie sind Spieler in einem politischen Spiel, aber sie hinterfragen nicht die Regeln, die andere machen, sondern richten ihre Offensiven daran aus. So hat die Lehrergewerkschaft GEW kürzlich eine Studie des Bildungswissenschaftlers Klaus Klemm vorgestellt, in der es um Bedarfsanalysen, also um Zahlen zu Lehrerstellen in Statistiken geht.[80] An keiner Stelle kommen qualitative Lehrerbefragungen vor. Die Erfahrung der Lehrpersonen bleibt auch in ihren Berufsvertretungen ein stumpfes Schwert. Die wirklichen Probleme der Schulwirklichkeit gehen in diesem Spiel unter. Der Brandbrief zum Beispiel, den die Rütli-Schule in Berlin einst an die Schulverwaltung schrieb, weil sie gegen die asozialen Verhaltensweisen ihrer Schülerschaft nicht mehr ankam, könnte von vielen Lehrerkollegien in Deutschlands Schulen geschrieben werden - allerdings nicht, weil die Lehrkräfte nicht mehr gegen entgrenzte Kinder ankommen, sondern weil das Niveau, auf dem die Schulen angelangt sind, nach Hilfe schreit. Wer sich mit den Erfahrungen der Lehrkräfte nicht auseinandersetzt, trägt erheblich dazu bei, dass das Bildungsniveau am Ende immer mehr sinkt.

Ein zweites Beispiel dafür, dass die Berufserfahrungen von Lehrkräften für schulpolitische Entscheidungen irrelevant sind, ist die Einführung von Gruppen-Präsentationsprüfungen im Realschulabschluss. Besteht die Gruppe aus vier Prüflingen, bedeutet das, dass ein 16jähriger eine ganze Stunde lang in einer Prüfungssituation steckt. Das ist doppelt so lang, wie eine Staatsexamensprüfung dauert, in der die Prüflinge durchschnittlich zehn Jahre älter sind. Jede Lehrkraft, die 16Jährige unterrichtet, weiß, dass das eine Überforderung darstellt. Das fällt aber keinem auf, weil Präsentationskompetenz das A und O der neuen Berufswelt ist. Daniel Goleman sagt zu diesen Entwicklungen: „Ich glaube, kann jedoch nicht beweisen, dass die heutigen Kinder unfreiwillig zu Opfern des wirtschaftlichen und technischen Fortschritts werden…. Das für den Erwerb sozialer und emotionaler Kompetenzen entscheidende limbische System ist diejenige Hirnregion, die anatomisch am spätesten reift, sodass ihre Entwicklung erst mit Mitte Zwanzig abgeschlossen ist. In diesem Zeitraum bilden sich die Lebensfähigkeiten eines Kindes heraus, wenn neuronale Netzwerke, mit allen Vor- und Nachteilen, Gestalt annehmen. Es sind Kindheitserlebnisse, die über diese Verknüpfungen entscheiden."[81] Ob diejenigen, die die Prüfungsverordnungen verfasst haben, das wussten?

Wenn man sich seiner Erlebnisse bewusst geworden ist, können sich Erfahrungen auf ihnen niederschlagen, aber wenn man nur wenige Erlebnisse in Klassenzimmern hatte oder gleich Bildungspolitiker wurde, ohne die Zusammenarbeit mit Jugendlichen zu kennen, entstehen Verordnungen, die sich an der Wirklichkeit brechen. Dann ist Feuerwehrbetrieb in den Schulen angesagt, damit die hohen Ansprüche an Ausstattung und Aufmerksamkeit, die eine unmotivierte Generation an ihre Lehrer stellt, nicht in das Lied von Pädagogik als Arbeitsvorbereitung einstimmen.

Die einzige Situation, in der die Berufserfahrungen eine Rolle spielen, ist diejenige, in der Lehrkräfte zurückschauen und das Bedürfnis verspüren, eine „gelingende" Berufsbiographie zu konstruieren. Für die aktive Gestaltung der Schulstrukturen bleiben ihre Erfahrungen mit Lehrplänen, DVA, Prüfungsaufgaben usw. derweil irrelevant. Wo berufliche Erfahrung eine immer geringere Rolle spielt, entprofessionalisiert das den Beruf. Pädagogik, heißt es dann, das kann doch jeder.

10.   Lasst die Schulen in Ruhe!

Pädagogik lässt sich nicht politisch bestimmen. Die Politik arbeitet auf den Ebenen der Demographie, der Soziologie und des Rechts. Die Pädagogik arbeitet auf den Ebenen der Beziehung, der Interaktion (Situationsbezüglichkeit) und des Vertrauens. Der Staat muss natürlich Enkulturationsziele formulieren, aber es ist nicht hilfreich, wenn er pädagogische Konzepte idealisiert, überhöht oder präferiert. Damit Schule kein Korrelat gesellschaftlicher Fehlentwicklung wird, sondern diese in ihr kritisch betrachtet werden kann, darf sie nicht durch empirische Studien zu einem ökonomischen Gesellschaftsfaktor degradiert werden. Damit sie hingegen ein Ort pädagogischer Professionalität werden kann, sollten sich Bildungspolitiker zurückhalten. Die Kriterien sind ohnehin willkürlich: Was ist guter Unterricht? Wann ist ein Lehrer ein guter Lehrer? Was macht eine gute Schule aus? Solche Auszeichnungskriterien sind meistens willkürlich. Diese kulturrelativistische Definition der Bildungsqualität ist inzwischen weit verbreitet. Das Gegenkonzept ist die Idee beständiger ästhetischer Werte, die als altmodische Andersartigkeit unerwünscht wurden. Nach dem Philosoph Dennis Dutton gelten ästhetische Werte heute unter Akademikern weithin als bloßer Reflex der lokalen sozialökonomischen Werte. Daher liege Schönheit nicht im Auge des Betrachters, sondern der Gesellschaft, und steuere derart Parameter des kulturellen Sehens. Dutton sieht darin einen Zynismus: „Warum gehen Menschen in die Oper? Um ihre Garderobe auszuführen. Was fesselt an berühmten Ölgemälden? Die Millionenwerte".[82] Fazit: Warum ist es schick, gebildet zu wirken? Weil man dann mehr Frauen abbekommt. Hahaha. Ein Bildungswitz. Die Bildung. Ein Witz.

Die Bemühungen der Kultusverwaltung um Evaluation ihrer angestoßenen bildungsideologischen Projekte führen dabei in die falsche Richtung. Denn pädagogische Qualität ist nicht messbar, sondern geschieht in der Interaktion der pädagogischen Situation. Kriterien wie in der PISA-Studie greifen zu kurz. Menschliche Qualität lässt sich nicht auszählen oder statistisch erfassen. Man muss wieder weg von diesem Empirismus, der suggeriert, dass man die Intuition der Lehrpersonen und ihr Können auszählen und dass man Tugenden und Weltzugänge, die sich erst langfristig zeigen, einer momentanen Bewertung unterziehen könnte. Studien, die Schüler auch nach ihrer Schulzeit noch 10 Jahre lang begleiten, gibt es so gut wie nicht. Die Situationsbezüglichkeit und die Erfahrungsrelevanz pädagogischen Handelns verdeutlichen, wie absurd das bildungspolitische Abstellen auf Gesellschaftsideale, Schulstrukturen und Kompetenzraster ist.

Lasst die Schulen in Ruhe! Lasst die Schraubzwinge der empirischen Untersuchungen und der ökonomischen Zweckeinbindung schulischen Lernens bleiben. Lasst die Kompetenzraster stecken. Die Qualität pädagogischen Handelns braucht andere Maßstäbe als gesellschaftliche und ökonomische Rendite. Dass dem zu Grunde liegenden naturwissenschaftlichen Denken kritisch begegnet werden muss, weil es Wahrheit und abschließbare Erkenntnis über pädagogische Prozesse sowie Bemühen um Bildungsqualität suggeriert, beschreibt auch der Wissenschaftsjournalist und Schriftsteller

John Horgan: „Ich glaube, dass Neurowissenschaftler niemals genug über den neuronalen Code wissen werden, die Geheimsprache des Gehirns, um
die Gedanken anderer ohne deren Einwilligung
lesen zu können (Neuronaler Code = Programm,
Algorithmus, Regelwerk, mittels dessen das Gehirn
nackte Sinnesdaten in Wahrnehmungen, Erinnerungen, Entscheidungen, Bedeutungen übersetzt,
d. Verf.). Sonst müssten Wissenschaftler in der
Lage sein, Menschen ganz gezielt zu überwachen
oder auszuforschen."[83] Über die Lokalisierung der
Entsprechungen von Erfahrung, Gedanken oder
Problemen im biophysischen Zustand des Gehirns
hinausgehend wird die Verwandlung der Reizreaktionen in ein personales Verhalten auf absehbare
Zeit nicht zu entziffern sein. Gesellschaftlich gesehen hat die Absicht, eine „richtige Pädagogik" verordnen zu wollen, aber Konsequenzen. „Überwachen und Strafen" – da ist es wieder: Das Foucault'sche Duett der Pervertierung gesellschaftlicher Zivilisationsprozesse, zu denen Bildung gehört.

Wohin wird sich die Bildungsqualität bewegen? Die gegenwärtigen Fehlentwicklungen, die der Öffentlichkeit unter Verwendung pädagogischer Schlagworte als Fortschritt und Erfolg verkauft werden, sind Ausdruck einer Normierung bildungsphilosophischen Denkens. Die Bildungsempirie, der sie folgen (PISA), prüft diese normierten Operationen, aber nicht die Intensität individueller Beziehungen zu einem Sachverhalt, die sich einstellt, wenn Bildung gelingt.

Abschließend sei zum Trost gesagt, dass alles, was ich hier geschrieben habe, natürlich nur teilweise stimmt. Das ist eine Polemik. Tut mir leid, wenn einige von Ihnen jetzt ganz eifrig mit dem Kopf genickt haben. Ich habe es nicht so radikal gemeint, wie es in einer Polemik klingen muss. Das Aufmerksam-Machen für unbeschriebene systemische Mechanismen in unseren Bildungsveranstaltungsanstalten, die früher einmal „Schulen" hießen und nicht „Lernwerkstätten", lebt von der Übertreibung, damit jeder Leser sich am Ende die Frage stellen kann: Wie wirklich ist die Schulwirklichkeit?

Anmerkungen

[1] Von Hentig, Hartmut: Bildung. Ein Essay, Darmstadt 1997, S. 29.

[2] Eckart, Gabriele: So sehe ick die Sache. Protokolle aus der DDR. Leben im Havelländischen Obstanbaugebiet, Köln 1984.

[3] Vgl. Sarrazin, Thilo: Deutschland schafft sich ab. Wie wir unser Land aufs Spiel setzen, München 2010.

[4] Vgl. Plessner, Helmuth: Conditio Humana. Gesammelte Schriften VIII, 1. Auflage Frankfurt am Main 2003 und Rotthaus, Wilhelm: Wozu erziehen? Entwurf einer systemischen Erziehung, 4. Auflage Heidelberg 2002, S. 127-135.

[5] Nietzsche, Friedrich: Götzendämmerung oder Wie man mit dem Hammer philosophiert, 7.

[6] Vgl. Hüther, Gerald: Wie lernen Kinder? Voraussetzungen für gelingende Bildungsprozesse aus neurobiologischer Sicht. In: Caspary, Ralf (Hrsg.): Lernen und Gehirn. Der Weg zu einer neuen Pädagogik, 2. Auflage Freiburg i.Br. 2006, S. 70-84, hier S. 73.

[7] Bauer, Joachim: Warum ich fühle, was Du fühlst. Intuitive Kommunikation oder das Geheimnis der Spiegelneurone, München 2006 und Ders.: Nervenzellen für das intuitive Verstehen sowie für Lehren und Lernen. In: Caspary, Ralf (Hrsg.): Lernen und Gehirn. Der Weg zu einer neuen Pädagogik, 2. Auflage Freiburg i. Br. 2006, S. 36-53.

[8] Jaspers, Karl: Was ist Erziehung? Ein Lesebuch, hrsg. von Hermann Horn, 2. Auflage München 1999, S. 61 (Origi-

nal: Philosophie und Welt. Reden und Aufsätze, München 1975, S. 28-38).

9   Vgl. Horkheimer, Max/Adorno, Theodor W.: Dialektik der Aufklärung, 19. Auflage Frankfurt am Main 1988.

10   Vgl. Kant, Immanuel: Beantwortung der Frage: Was ist Aufklärung? (1784). In: Werke, hrsg. von Ernst Cassirer, Bd. 4, Berlin 1921-1922, S. 167-176.

11   Vgl. von Hentig, Hartmut: Bildung. Ein Essay, Darmstadt 1997, S. 11 („Die Schule hat aus Bildung Schulbildung gemacht"), S. 47 ff.

12   Klaus Steilmann, Geschäftsführer Steilmann GmbH+Co. KG, Bochum-Wattenscheid.

13   Vgl. Spranger, Eduard: Gedanken über Lehrerbildung. In: Ders. (Hrsg.): Gesammelte Schriften III. Schule und Lehrer. Heidelberg 1920: Quelle & Meyer, S. 27-73, hier S. 59.

14   Vgl. Ludz, Ursula/Wild, Thomas (Hrsg.): Arendt, Hannah/Fest, Joachim. Eichmann war von empörender Dummheit. Gespräche und Briefe. Einleitung, S. 7-35, hier S. 13.

15   George Bernard Shaw: Irisch-britischer Dramatiker und Theaterkritiker (1856-1950), Nobelpreisträger 1925.

16   John Dewey gilt als Begründer der amerikanischen Reformpädagogik und als Begründer der pädagogischen Projektmethode. Mit seinem Buch „Schools of Tomorrow" hat er 1915 eine Revolution in der Vorstellung schulischen Lernens eingeleitet. Vgl. Knoll, Michael: Dewey, Kilpatrick und „progressive" Erziehung. Kritische Studien zur Projektpädagogik, Bad Heilbrunn 2011, sowie Harms, William H./dePencier, Ida: 100 year of learning at the university of Chicago Laboraty Schools, Chica-

[16] go 1996, sowie Oelkers, Jürgen: John Dewey und die Pädagogik, Weinheim 2009.

[17] Jaspers, Karl: Was ist Erziehung? Ein Lesebuch, hrsg. von Hermann Horn, München 1997, S. 68 (Original: Jaspers, Karl: Idee III: Die Idee der Universität, Berlin-Göttingen-Heidelberg 1961, S. 85, zusammen mit Kurt Rossmann).

[18] Vgl. Klafki, Wolfgang: Kritisch-konstruktive Pädagogik. Herkunft und Zukunft. In: Eierdanz, Jürgen/Kremer, Armin (Hrsg.): Weder erwartet noch gewollt – kritische Erziehungswissenschaft und Pädagogik in der Bundesrepublik Deutschland zur Zeit des Kalten Kriegs, Baltmannsweiler 2000, S. 152-178. Maße für Bildungsgehalt: Gegenwartsbedeutung, Zukunftsbedeutung, exemplarische Bedeutung, thematische Struktur, Erweisbarkeit und Überprüfbarkeit, Zugänglichkeit und Darstellbarkeit, Lehr-Lern-Prozessstruktur.

[19] Jaspers, Karl: Was ist Erziehung? Ein Lesebuch, hrsg. von Hermann Horn, 2. Auflage München 1999, S. 46 (Original: Jaspers, Karl: Die Große Philosophen, 1. Bd., München 1975, S. 263).

[20] Jaspers, Karl: Was ist Erziehung? Ein Lesebuch, hrsg. von Hermann Horn, München 2. Auflage 1997, S. 76 (Original: Jaspers, Karl: Wohin treibt die Bundesrepublik, München 1966, S. 202 f.).

[21] Vgl. Ehrenberg, Alain: Das Unbehagen der Gesellschaft. Aus dem Französischen von Jürgen Schröder, Berlin 2011.

[22] http://www.zdf.de/ZDFmediathek/beitrag/video/172050/Macht-Lernen-dumm963F.

[23] Jaspers, Karl: Was ist Erziehung? Ein Lesebuch, hrsg. von Hermann Horn, 2. Auflage München 1999, S. 80 (Original: Jaspers, Karl: Wohin treibt die Bundesrepublik, München 1966, S. 207 f.).

[24] Hauser, Ulrich: Schule ist Energieverschwendung. In: Stern 39 (2012), S. 60-61. Hauser bezieht sich auf das neue Buch des Hirnforschers Gerald Hüther: Jedes Kind ist hochbegabt. Die angeborenen Talente unserer Kinder und was wir aus ihnen machen, Knaus-Verlag 2012.

[25] Vgl. Richartz, Nikolaus: Die Pädagogik der „Kinderfreunde", Theorie und Praxis sozialdemokratischer Erziehungsarbeit in Österreich und in der Weimarer Republik, Weinheim-Basel 1981. Die Pädagogik war ein Werkzeug der sozialdemokratischen Gesellschaftspolitik; sie war Mittel auf dem Weg an die Macht.

[26] Ogger, Günter: Nieten in Nadelstreifen. Deutschlands Manager im Zwielicht, München 1992.

[27] Dilthey, Wilhelm: „Die Natur erklären wir, das Seelenleben verstehen wir." Ideen über eine beschreibende und zergliedernde Psychologie. In: Gesammelte Schriften, Bd. 5.

[28] Vgl. Liebetrau, Peter: Unterricht, der Schülerinnen und Schüler herausfordert. Ringvorlesung im Wintersemester 2004/2005 Universität Kassel.

[29] Vgl. Luhmann, Niklas: Macht im System, Suhrkamp Verlag 2012.

[30] Coen, Amrai/Fischermann, Thomas: Bespaßt und gequält. Wie deutsche Unternehmen ihren Beschäftigten eintrichtern: Selbstausbeutung macht Spaß. In: Die ZEIT Nr. 44 (2012), S. 21 f.

[31] Vgl. ebd., S. 21.

[32] Ebd., S. 21.

[33] Spaemann, Robert: Wer ist ein gebildeter Mensch?`In: Scheidewege, Jahresschrift für skeptisches Denken, Heft 94/95, S. 34-37.

[34] Vgl. von Foerster, Heinz/Pörksen, Bernhard: Wahrheit ist die Erfindung eines Lügners. Gespräche für Skeptiker, 3. Auflage Heidelberg 1999, S. 67-69.

[35] Boueke, Dietrich/Schulein, Frieder/Büscher, Hartmut/Terhorst, Evamaria/Wolf, Dagmar: Wie Kinder erzählen. Untersuchungen zur Erzähltheorie und zur Entwicklung narrativer Fähigkeiten, München 1995, S. 177.

[36] VERA (Vergleichsarbeiten an der Grundschule), PISA (Programme for International Student Assessment).

[37] Vgl. Gaschke, Susanne: Kommen wir hier noch raus? Ja, sagt der britische Intellektuelle Tom Hodkinson. Wir leben zwar im falschen System, aber wir können auch anders. In: Die ZEIT 35 (2012), S. 39/40.

[38] Der Bereich Erziehung und Unterricht hat in 2011 eine Reallohnsteigerung von 1,1% (Durchschnittliche Steigerung aller Berufe: 4,4%) verzeichnen können, was weit unterhalb der Preisentwicklung liegt (Statistisches Bundesamt, Pressemitteilung Nr. 481 vom 22.12.2011). Das Portal Lehrerfreund.de hat hochgerechnet, dass Lehrkräfte seit 1990 einen Nettoreallohnverlust von über 20% hinnehmen mussten (http://www.lehrerfreund.de/schule/1s/lehrer-gehalstverlierer-2011/4077).

[39] Vgl. Bauer, Joachim/Unterbrink, T./Hack, A. et.al.: Working Conditions. Adverse Events and Mental health Prob-

lems in a Sample of 949 German Teachers, International Archives of Occupational and Environment Health, 2007a, 80, 442-449. Berichterstattung auch in der Berliner Morgenpost von Joachim Peter, Ausgabe 11.10.2011.

40   Hersch, Jeanne: Die Hoffnung, Mensch zu sein. Essays, 6. Auflage Zürich 1991, S. 104 f.

41   Droysen, Johann Gustav: Historik, 22.

42   Hersch, Jeanne: Die Hoffnung, Mensch zu sein. Essays, 6. Auflage Zürich 1991, S. 109.

43   Vgl. Kraus, Josef: Wir erziehen eine unmündige Generation (Interview). In: Frankfurter Allgemeine Sonntagszeitung 19 (2012), S. 6.

44   Hersch, Jeanne: Die Hoffnung, Mensch zu sein. Essays, 6. Auflage Zürich 1991, S. 108.

45   Vgl. Dewey, John: Early Writings, Bd. I, S. 246 (Es geht darum, allen die gleiche Chance zu geben, "eine Person zu werden").

46   Global Gender Gap Report 2012 des Weltwirtschaftsforums. Bericht: Zeit-Online, 2.11.2012.

47   Hersch, Jeanne: Die Hoffnung, Mensch zu sein. Essays, 6. Auflage Zürich 1991, S. 104.

48   Bildungsplan Baden-Württemberg Realschule, nachzulesen http://bildung-staerkt-menschen.de/service, Geschichte.

49   Vgl. Goldhagen, Daniel: Hitlers willige Vollstrecker. Ganz gewöhnliche Deutsche und der Holocaust (Aus dem Amerikanischen von Klaus Kochmann), München 2000.

50 Vgl. Padover, Saul K.: Lügendetektor. Vernehmungen im besiegten Deutschland 1944/1945 („Experiment in Germany. The Story of an American Officer"), Frankfurt am Main 2011.

51 Schreiber, Waltraud: Historisches Denken. Ein Kompetenz-Strukturmodell (Basisbeitrag). In: : Körber, Andreas/Schreiber, Waltraud/Schöner, Alexander (Hrsg.): Kompetenzen historischen Denkens: Ein Strukturmodell als Beitrag zur Kompetenzorientierung in der Geschichtsdidaktik, Neuried 2007, S. 17-50.

52 Kranz, W.: Die Fragmente der Vorsokratiker, Zürich 1974 (Fragment 91), nachzulesen bei von Stepski-Doliwa, Stephan: Die Platonische Erkenntnistheorie, Erlangen 2004, S. 23.

53 Ebd., Fragment 12, bei Stepski-Doliwa S. 23 (Anm. 10).

54 Vgl. von Stepski-Doliwa, Stephan: Die Platonische Erkenntnistheorie, Erlangen 2004, S. 23 (dort Anm. 10).

55 Vgl. ebd., S. 24 f.

56 Platon: Der Staat (Politeia), Siebentes Buch, Gespräch zwischen Sokrates und Glaukon – „Höhlengleichnis"., Platon. Sämtliche Dialoge, Band V., hrsg. von Otto Apelt (Felix Meiner Verlag), Hamburg 1998, S. 269-275

57 Litt, Theodor: Führen oder Wachsenlassen, Stuttgart 1964 (Original 1927).

58 Hessel, Stéphane/Morin, Edgar: Wege der Hoffnung, Berlin 2012, S. 51 ff.

59 Morin, Edgar: Die sieben Fundamente des Wissens für eine Erziehung der Zukunft. Aus dem Französischen von Ina Brümann, Hamburg 2001.

60 Der Philosoph F.W. Schleiermacher sah im „Verstehen"
einen Vorgang, in dem sich der Leser bzw. Beobachter
mit seiner ganzen Person, seinen Erfahrungen, Empfin-
dungen usw., in einen Text hineinbegeben soll, um ihn
besser zu verstehen als der Verfasser. Dieses Empor-
bringen von „Verstehen" gleiche einem göttlich-
schöpferischen Akt (Divinitorischer Akt).

61 Pörksen, Bernhard: Wir Tugendterroristen. Im digitalen
Zeitalter neigt die Mediendemokratie zur dauernden
Empörung. Permanent droht der Skandal. Warum ist
das so? In: Die ZEIT Nr. 46 (2012) vom 8.11.2012, S. 57.

62 Willemsen, Roger: Hier spricht Guantanamo. Roger
Willemsen interviewt Ex-Häftlinge, 4. Auflage Frankfurt
am Main 2006.

63 Vgl. Oswalt, Vadim: Komödien zum Thema „Drittes
Reich" als geschichtskulturelles Phänomen und Lernan-
lass. In: Oswalt, Vadim/Pandel, Hans-Jürgen: Ge-
schichtskultur. Die Anwesenheit von Vergangenheit in
der Gegenwart, Schwalbach/Ts. 2009, S. 127-138, hier S.
130.

64 Vgl. Wiesel, Elie: „Schuldig sind nur die Schuldigen. In:
Doerry, Martin: „Nirgendwo und überall zu Haus". Gespräche mit Überlebenden des Holocaust, München
2006, S. 204-211, hier S. 211.

65 Roman Frister Die Mütze oder der Preis des Lebens. Aus
dem Hebräischen übersetzt von Eva und Georges
Basnitzki, Berlin 1993. Ein Bericht über dieses Buch fin-
det sich in: Hogrefe, Jürgen: Hinrichtung der Seele. In:
Der Spiegel 28 (1997), S. 172-175, hier S. 172: „Der Jude
Frister schreibt über die Schuld der Nazi-Opfer. „Unsere
Leute wollen das nicht wissen", klagt der Verleger Ohad
Smora. Erste Rezensionen in Zeitungen hätten in Israel

„einen inneren Widerstand gegen das Buch" hochkommen lassen. Frister: „Die Alten wollen meine Misere nicht als Lektüre mit ins Bett nehmen, und für die Jungen passt ein schwacher Großvater, der den Nazis nicht heldenmütig entgegentrat, nicht ins Weltbild." Frister legt in diesem Buch die Bilanz seiner eigenen Untaten vor: Er erzählt Geschichten, die ihn als Verräter, Betrüger und Erpresser erscheinen lassen. Er entlarvt sich sogar, beklemmender Höhepunkt der Selbstbezichtigung, als scheinbar skrupelloser Mittäter. Wohlkalkuliert schickt er einen jüdischen Mithäftling in den sicheren Tod, um das eigene Leben zu retten, indem er ihm die Mütze klaut. Wer beim Morgenappell ohne Mütze antrat, wurde von der SS an Ort und Stelle erschossen. Die Exekution am nächsten Morgen mochte Frister weder sehen noch fühlen. „Ich blickte mich nicht um. Ich wollte nicht wissen, wer erschossen wurde. Ich war froh zu leben." Ist Frister Täter oder Opfer? Auf jeden Fall durchbricht er die „Shoa-Epidemie", wie Avraham Burg die popularisierte Identitätsfindung des ganzen Landes nannte. Vgl. ebenso Deen, Helga: „Wenn mein Wille stirbt, sterbe ich auch". Tagebuch und Briefe, Hamburg 2007.

[66] Vgl. Levi, Primo: Ist das ein Mensch? 17. Auflage München-Wien 2009.

[67] Hessel, Stéphane/Morin, Edgar: Wege der Hoffnung, Berlin 2012, S. 56.

[68] Vgl. Richartz, Nikolaus: Die Pädagogik der „Kinderfreunde", Theorie und Praxis sozialdemokratischer Erziehungsarbeit in Österreich und in der Weimarer Republik, Weinheim-Basel 1981, S. 12 und S. 13.

[69] Ebd., S. 15 f.

[70] Wetzel, Maria: Die Schule der Zukunft. In: Stuttgarter.Nachrichten.de, 22.11.2012, Unterrubrik Bildungspläne: „Interessierte Bürger sollen sich an den Plänen beteiligen können."

[71] Vgl. Richartz, Nikolaus: Die Pädagogik der „Kinderfreunde", Theorie und Praxis sozialdemokratischer Erziehungsarbeit in Österreich und in der Weimarer Republik, Weinheim-Basel 1981, S. 16 (über Wilhelm Liebknecht).

[72] Luhmann, Niklas/Schorr, Karl Eberhard: Das Technologiedefizit der Erziehung und die Pädagogik. In: Dies. (Hrsg.): Technologie oder Selbstreferenz? Fragen an die Pädagogik, Frankfurt am Main 1982, S. 11-40.

[73] Chua, Amy L.: Die Mutter des Erfolgs. Wie ich meinen Kindern das Siegen beibrachte, Zürich 2011 (Battle Hymn of the Tiger Mother).

[74] Vgl. Hessel, Stéphane/Morin, Edgar: Wege der Hoffnung, Berlin 2012, S. 58-70.

[75] Vgl. Löhken, Sylvia: Leise Menschen – starke Wirkung. Wie Sie Präsenz zeigen und Gehör finden, Gabal Verlag Offenburg 2012.

[76] Vgl. Spitzer, Manfred: Digitale Demenz. Wie wir uns und unsere Kinder um den Verstand bringen, Droemer Verlag München 2012.

[77] Von Aquin, Thomas: Über den Lehrer. De magistro. Hamburg 2006, S. 67.

[78] Ebd., S. 67.

[79] Vgl. Albrecht, Harro: Lob der Erfahrung. Unser Leben wird von Statistiken dominiert. Ein Plädoyer für den

Wert des persönlichen Wissens in Alltags und Medizin. In: Die ZEIT 19 (2012), S. 33 f.

80   Link auf www.gew-bw.de.

81   Goleman, Daniel: Auszüge aus seinen Büchern „Emotionale Intelligenz" und „Soziale Intelligenz". In: Brockman, John (Hrsg.): Das Wissen von morgen. Was wir für wahr halten, aber nicht beweisen können. Die führenden Wissenschaftler unserer Zeit bechreiben ihre großen Ideen, Frankfurt am Main 2008, S. 221-223, hier S. 221 und 223.

82   Dutton, Dennis: Auszüge aus seinen Büchern und Texten. In: Brockman, John (Hrsg.): Das Wissen von morgen. Was wir für wahr halten, aber nicht beweisen können. Die führenden Wissenschaftler unserer Zeit bechreiben ihre großen Ideen, Frankfurt am Main 2008, S. 84-86, hier S. 85.

83   Horgan, John. Auszüge aus seinen Büchern und Texten. In: Brockman, John (Hrsg.): Das Wissen von morgen. Was wir für wahr halten, aber nicht beweisen können. Die führenden Wissenschaftler unserer Zeit beschreiben ihre großen Ideen, Frankfurt am Main 2008, S. 131-132, hier S. 131.

Über den Autor

Dr. paed. Markus Daumüller, geb. 1970, ist Real-
schullehrer und Diplom-Pädagoge. Als promovier-
ter Erziehungswissenschaftler unterrichtet und
lehrt er seit 19 Jahren in Realschulen, der Lehrerausbildung und an Hochschulen u.a. Geschichte
und Geschichtsdidaktik. Seine Erfahrungen darüber, nach welchen Regeln und Mechanismen diese
Systeme funktionieren, hat er in dieser Streitschrift
zusammen gefasst. Markus Daumüller lebt und
arbeitet in Heidelberg.